盧修一與他的時代

盧修一博士 1941-1998

白鷺鷥的飛行路線

◎路寒袖

　　春夏之交，我經常背著相機，獨自涉足台中的母親之河──大甲溪中下游泥灘、沙地，觀察自然生態、記錄溪河容顏。

白鷺鷥翩然起舞

　　沿途，我通常會遇見很多的水邊生物，如秧雞、彩鷸、水鴨、招潮蟹、三角藺、大安水蓑衣、雲林莞草等，但畫面飽滿、諧美的，莫過於白鷺鷥群了。鷺鷥是溪畔的白衣舞者，優雅純潔，風姿萬千，不管是凝望、佇立、倒影、覓食、展翅、爭鬥、求偶、群聚等影像，都是令我沉醉的旖旎身姿。

　　盧修一委員是我敬重的民主前輩，他的一頭蒼蒼的白髮，與台灣本土最具親和力的白鷺鷥相似而被稱為「白毛仔」，也有人直接暱稱為「白鴿鷥」。

　　緣於「白鷺鷥＝盧修一」的深刻印象，攬閱本書《盧修一與他的時代》所呈現出盧修一高潮迭起、不平凡的一生時，腦海中立刻浮出天真白鷺、勇敢白鷺、文化白鷺……等翩然飛舞的豐美畫面。

誰送來白鷺鷥？

　　如果，盧修一是集天真、勇敢、文化於一身的台灣白鷺鷥化身，那麼，他會是誰送來賜給台灣人的？追本溯源，我認為有三方面值得感謝。

　　首先，應該是國民黨。與解嚴前大部分知青一樣，盧修一原都是「忠黨愛國」的國民黨菁英，在黨國體制內，本可以將其培養成一個好教授、好黨員，但國民黨當局非但不懂珍惜人才，還將他羅織入獄，本是「政治素人」的盧修一毅然決然投入反對黨，面對一系列選舉、改革運動，在拒馬、鐵蒺藜、強力水柱、鎮暴部隊棍棒齊飛的街頭抗爭，鍛鍊他成為民主先鋒，推動新國家、新憲法、新政府、新人民、新社會、新文化的藍圖，最後，這個國會頑童如拚命三郎般，挑戰專制藩籬，進一步投入解散萬年國會、反軍人組閣、廢除刑法100條等體制內的改革，迎到台灣民主的曙光。

　　其次，要謝謝音樂家陳郁秀教授把夫婿獻給台灣。陳郁秀是天才型鋼琴家，是知名畫家、師大美術系教授陳慧坤的掌上明珠，她七〇年代留學法國音樂學府，與盧修一相識相戀，當政治人物的太太應該不是她的人生劇本，但夫唱婦隨，嫁作人婦之後，思想就改觀了，甚至於搬離藝術的巴黎，與盧修一一

起回到「非正常國家」台灣定居打拚，一起衝撞黨國與威權體制。返台後，盧修
一堅持理想，於是惹禍上身，陳郁秀甚至必須頻頻出入黑牢探監，痛心地目睹了
捲入台獨事件入獄，一個月內黑髮煎熬成白髮的丈夫，彷彿伍子胥過昭關的悲憤。

　　盧修一出獄後，陳郁秀不忍丈夫意志消沉，想方設法偷偷替他謀職、找差
事，祈使丈夫趕快站起來，找回戰鬥力。我這幾年在台中策劃出版了多本白色
恐怖受難者的田調書籍，深深了解政治犯被捕入獄，世態炎涼，家屬處處求助
無門、生活碰壁，在社會所受的孤立、折磨程度，並不輸給獄中的受刑人。因
此，陳郁秀甘願放下千金之軀與巴黎夢想，把丈夫獻給台灣，並陪他走上曲折
艱辛的政治之路，這種犧牲奉獻，是台灣偉大民主價值的最佳表徵。

　　最後，謝謝上天的賜予人才。台灣的反對運動者，因為壓迫／抗爭的制約
反應，通常聚焦於政治、經濟層面的沉痾重症改革，文化建設總是敬陪末座，
但盧修一身上流著左派頑強的基因，不只關心台灣生態、農業基本法、殘障福
利、野生動物保護法……等，老弱婦幼的議題更是從未忘卻，尤其，他有遠見，
關心本土文化的建構，1993年起，即與陳郁秀成立「白鷺鷥文教基金會」，
二十多年如一日，致力推動本土文化扎根的工作，深耕基層沃土，為台灣社會
注入永續發展的活水。感謝上天賜給台灣人這位浪漫的政治家，他的生命字典
裡，永遠都有弱勢、文化、生態等關鍵字。

典範的白鷺鷥

　　一隻白鷺鷥，從容展翅，掠過福爾摩沙的天際，漸行漸遠……

　　它來過！它夢想過！它飛舞過！它追逐過！

　　闔上本書、閉著眼睛。此刻，靈魂深處隱然浮現一條長而優雅的白色航道。
那肯定就是民主前輩盧修一，指引著後代子孫繼續飛行的一種印記、一種典
範、一種方向。

　　那是白鷺鷥的飛行路線，是一條永不停歇的航程，盧修一在前，我們必須
緊跟其後。

（作者為詩人、台中市政府文化局長）

美好的關鍵時代

◎陳郁秀

　　盧修一已仙逝二十年了，這二十年來，台灣社會瞬息萬變、物換星移、人物非舊，當時的堅持與追求，有的已有顯著的成果，有些不盡理想，但也有些消失殆盡。這就是時代的巨輪、世界的洪流……，每個時代都有它特具的氛圍與使命，不能重回也不能再造。修一和我留學法國返台任教的年代，正躬逢台灣「鄉土覺醒」蓬勃發展的時代；民歌運動、美麗島事件、爭取人權及言論自由、終結萬年國代的社會運動，終於讓台灣走向「解嚴」的政治現象，開啟民主。

　　我的夫婿生性正直、剛毅、熱情、執著，做起事來堅持原則、不屈不撓，在他看似輕鬆、瀟灑、幽默的外表下，深植著建設台灣的雄心大志。他熱愛出生成長的土地，並由土地出發，延伸關懷人民、社會、文化及國際環境種種，體悟到這片土地發展的艱難、人民的束縛、國內外社會的困頓……等現象，遂由體制外的抗爭（也因此入監坐牢三年），到解嚴後進入立法院，執行體制內的改革與立法。他深入民間結識四方朋友，全面性的思考蹲點式的體察與行動，結合同志、人民的力量，積極尋求跨黨派的支持，建立民主國家法制的基礎，並以「新國家的建築師」自我鞭策。

　　本影像紀念專輯圖文並茂地由修一的出生、就學、海外看台灣、認識台灣、歸國執教、被捕入獄、加入民進黨、參與選舉，到進入立法院、反對軍人干政、終結萬年國會、廢除刑法100條、修法立新法……等等的過程，看到他與歷任民進黨主席、立院同事，以及台灣人民的互動與共同奮鬥的生命史，是他的人生，也是那個燦爛時代的寫照。

　　值此出版之際，感謝所有參與本紀念專輯編撰的邱斐顯、邱萬興、藍麗娟、阮愛惠、廖紫妃、鮑雅慧，和提供所有相片的好友們，編輯群千方百計地蒐集資料，齊心合力地完成創作，讓我們能一起體會那個風起雲湧、台灣民主運動關鍵時代的精彩。看到大家休戚與共、熱血前進的團結精神，實在令人動容，對我而言，那是一個充滿挑戰、危機四伏、但希望無窮的美好時代。

　　撫今追昔，我期許除了回顧那個時代的意義外，我們能──尤其是年輕人能攜手共創未來二十年的理想與藍圖，再造下個時代的新價值。

盧修一與他的時代

▎目 錄

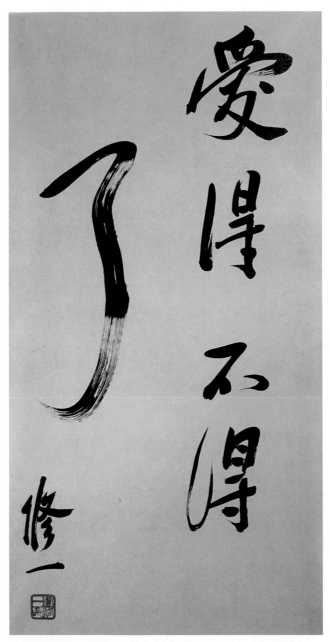

「愛得不得了」是盧修一最喜愛的一幅字畫。他無止盡的愛，不只環抱最珍愛的家人，更延伸到對朋友，對台灣，對過去種種的熱情與關懷。

一生懸念　淡水三芝

一九八六年，我從土城感化教育歸來後，最令我快慰的事，就是全家及時趕上淡水線的「最後列車」。在漫長的歲月變換中，每次的離鄉背井，是它慰我送我，每次的遊子歸鄉，也是它接我迎我。在那最後的一程，我努力的回憶和思索，直到最後的停靠站──淡水！我方領悟到離開淡水、重回淡水的兩般心情，不就是我全部的人生嗎？原來我的根柢，竟是深植於這片美麗的鄉土！

攝影／邱萬興

淡水！我魂牽夢繫的家鄉／盧修一

淡水！淡水！妳是孕育我、乳養我的母親，
不論在求學、在海外、在政治的監牢裡，
妳都讓我魂牽夢繫……
妳那靈秀的山川，濃醇的人情，
是我最大的精神寄托。
為妳！我大聲說出：愛台灣！

　　北新庄，這個位在新北市淡水與三芝交界的村落，因位處大屯山麓，依山面海、林木蓊鬱，別有一番秀逸景致。這裡是盧修一博士的故鄉。這位活躍於九〇年代台灣政壇，有「白髮頑童」、「浪漫政治家」之稱的三連任立法委員，就在這裡出生、成長到中學階段。

　　盧修一是台灣政壇「學者從政」的一個典範。他原在大學任教，一九八三年因涉及前田光枝案，被逮捕到土城仁教所接受三年的「感化教育」；一九八八年他加入民進黨，擔任中央黨部第一任外交部主任，曾以第一高票當選台北縣立法委員。他在九年的立委任內，每每在立法院內以諍言、肉身，直接衝撞惡法的維護者，他甚至因此被驅抬住院……。

　　盧修一比喻自己是「蘆葦與劍」，運用外剛內韌的力量，對抗當時的威權體制和社會的不公不義；他樹立了「政壇白鷺鷥」的形象，以風趣幽默的方式塑造其專業的問政風格。

　　雖然他從政的時間不長，且在仕途即將邁向巔峰之前倏然殞落，但他提出的政治主張──「建立東方瑞士台灣國」的理想，至今仍是台灣民主政治進程中鮮明的腳印；而他為了「台灣第一、人民至上、弱勢優先」不惜以身命搏的形象，二十年來，仍鮮明地留駐在許多台灣人的心中。

一九八九年盧修一攝於
淡水紅毛城。
攝影／邱萬興

若說，童年的經驗會造就一個人對世界的看法；那麼，在北新庄的十多年歲月，就是奠立盧修一一生情感基調及終極關懷的基礎。

國府來台　導致盧家經濟破產

盧修一，一九四一年五月廿二日，出生在台北縣三芝鄉北新庄的盧姓大家族。

十七世紀末，盧氏開山祖自福建泉州同安縣渡海來台，自淡水上岸後，就在這裡開枝散葉、經商致富。日治時期，盧家已發展成北新庄最大望族，在台北市延平北路開設了大茶行及戲院，相當有名聲，相關事業甚至遠至汕頭、上海、天津和北平等中國大城市；後世子弟人才輩出，擔任庄長、醫生、教師等要職。

盧家第五代盧鐵樹，經營事業有成，包括果園、碾米廠、茶廠及雜貨店等多角生意；因為人脈暢旺，盧鐵樹也當過店子村村長十多年。

盧鐵樹和妻子翁桃先收養了長子盧永賀，後來才生了唯一的兒子盧振榮及幾位女兒。盧振榮娶妻葉蜜，生下兒子盧修一。此後盧振榮雖再得一子，卻不幸夭折，因此盧振榮對這唯一的兒子盧修一格外疼愛。

左：祖父盧鐵樹先生，曾任三芝鄉店子村村長多年。
右：一九四七年三月，父親盧振榮在盧修一六歲時，就因意外腦震盪而過世。

三歲時的盧修一（左一）與堂兄姊合影，有了他們的陪伴，盧修一的童年不寂寞。

雖然出生在顯赫的大家族，盧修一卻沒有成為佻達富公子。太平洋戰爭爆發後，盧鐵樹的碾米廠生意一落千丈；更致命的打擊是，戰後，國民政府來台，一手壟斷並管制物資買賣、濫印鈔票，且掏空民生物資運往中國大陸支援國共內戰，導致台灣嚴重通貨膨脹，大量民眾失業，經濟大幅倒退，嚴重影響盧家茶葉和橘子的出口。盧鐵樹不但作不成生意，還積欠貨款。他借款還債，原本期待生意有所轉機；沒想到局勢愈來愈壞，他的債款本金加利息，愈滾愈大；愛惜聲譽的他，開始用田產去抵債，結果種下了破產的命運。

囡仔頭王　寡母孤兒緊相依偎

盧振榮眼看家道衰敗，很有擔當地挑起重任。他觀察到當時基隆有很多來自中國的貨物要運送到台北，於是用僅剩的錢買了一部二手卡車，自營貨運工作貼補家用。有一天，車子在半路出問題，盧振榮和司機下車查看。車況修復之後，他爬上後座押貨，尚未坐穩時，車子就突然發動前衝……盧振榮從車上摔落下來，撞破頭殼，當場死亡。

盧振榮於一九四七年三月底意外過世。那時，台北大稻埕天馬茶房前爆發的「二二八事件」剛發生一個月，全台籠罩在淒風苦雨的社會動盪中。那時，盧修一還不到六足歲。

左：三歲時的盧修一（前排中間）與三芝親族合影，後排中立者為祖母翁桃女士，前排右一為姑媽盧金玉女士。
右：一九四二年父親盧振榮抱著獨子盧修一。

母親從小教導盧修一：只要是對的事就要堅持，這成為盧修一往後為人處事的重要準則。
小學時的盧修一攝於台北縣三芝鄉興華國小校園。

盧振榮過世後,妻子盧葉蜜立意不改嫁,決心守著盧修一這個獨生子,以及雪上加霜、日益衰敗的家。

雖然家中的大人都活在憂愁裡,但卻不影響盧修一的成長。盧修一天生頭腦靈活、精力充沛,雖然沒有親手足,卻有很多年齡相仿的堂表兄弟姊妹,他們一起在田邊溪澗玩耍打鬧、一起結伴上下學。盧修一是「囝仔頭王」,經常想出搗蛋的點子,有時玩得太過份,也常讓大人追著打。

盧葉蜜守寡不改嫁,就是為了守護這個獨生子。她的個性剛烈,對盧修一採取打打罵罵的鐵血教育;然而盧修一繼承和她相似的性格,媽媽罵一句他頂一句;媽媽要打他,他跑給媽媽追⋯⋯媽媽追他不到,如果一直氣不消,就會等到晚上他洗澡時,趁他沒穿衣服、無處可逃的時候,再狠狠地修理他一頓。

即使是這樣調皮作怪的猴囝仔,但盧修一在功課方面卻從不令媽媽操煩。他能文能武、學校教什麼都難不倒他,永遠都是班上第一名。

小學畢業後,盧修一到淡水唸初中。為了省公車錢,他寄住到住淡水的大姑姑家。離開了無憂無慮的童年、暫別和母親相依的懷抱,外表活潑而內心敏感纖細的盧修一,開始進入慘綠少年的愁惱世界。內心時時湧上一股無名孤獨感,多少影響他在功課上的表現。

就讀小學時的盧修一(前排中),剛好同學的名字有「一、二、三」分別是盧敬三、盧文二以及盧修一,他們喜歡按照一二三答數排隊回家。

盧修一自小和寡母相依為命，雖然偶爾拌拌嘴，卻是一生感激在心頭。
初中二年級時的盧修一（左一）與母親葉蜜女士（左二）合影。

青澀青春　曾經夢想當軍事家

　　考高中時，成績不如預期，盧修一只考上建國中學夜間部。媽媽和祖母對於他的升學其實不熱中，她們比較期待他能早日出社會，減輕家中的經濟壓力。但家族中的男性長輩如苦學出身、在日治時期唸工業學校、後來進入總督府上班的小姑丈；以及篤信佛教、提供他在台北唸高中時住處的三舅，都對盧修一的升學鼓勵有加，期勉他認真讀書，作個有用的人，出人頭地，把盧家過去的榮光掙回來。

　　事實上，盧修一心中一直都有讀書求進取的志氣。一方面是寡母獨子的身世，一方面也因童年及少年時期，不斷受到師友和環境啟發的結果。

　　小學時期，駐紮在北新庄土地公廟旁的砲兵隊，有幾位來自中國、歷經剿匪及抗日苦難而流離到台灣的青年軍人，因為常到盧鐵樹開的雜貨店買東西，和盧修一成為哥兒們。這些阿兵哥，把盧修一當成自己的親弟弟一般；他們告訴盧修一許多他們在槍林彈雨中奮勇殺敵的故事，他們的英雄氣概，深深吸引著盧修一。

　　這些戰亂中失學的大哥哥，常勉勵盧修一要好好唸書，教他練書法、告訴他很多為人處事的道理，他們的溫暖和誠懇，填補了盧修一沒有親兄弟的缺憾。及至上了初中，那時全台灣「反共復國」的口號叫得震天價響，學校裡經常舉行愛國話劇表演，所以盧修一從那時起，就悄悄立下未來要當個軍事家的夢想。他一度亦打算不考一般高中而去投考陸軍官校，卻被那幾位軍人哥哥們勸阻，他們認為，作為獨生子，盧修一沒有拋下母親上戰場的條件。

上：一九五五年二月盧修一（左一）
與親族堂表弟妹們合影。
下：盧修一與北新庄砲兵隊的阿兵
哥合影。

高中生涯　躁動不安憤世嫉俗

　　考上建中夜間部後，盧修一執意去唸，他向媽媽和祖母提出白天去當送報生幫忙賺學費，但最後是媽媽決定出外去幫傭，為有錢人家煮飯打掃，才解決了他的學費問題。

　　高中三年，盧修一仍是在心情起伏不定的情境中讀書考試的。媽媽為了他淪為女傭，家中的經濟更是每況愈下，祖父盧鐵樹連最後的家產，一百坪左右的二層樓老房子，都守不住了。祖父母、大伯全家，連同盧修一母子，盧家十幾口人都被迫搬到台北南京西路圓環附近、小姑姑婆家的一間二十餘坪的小房子內，擁擠得簡直無立錐之地，尤其大雜院內還住著其他人家，四、五十人每天要共用一個水龍頭和兩間廁所，環境非常惡劣。

　　一九五八年的一月，正在為高二上學期期末考埋首用功的盧修一，差點被一個晴天霹靂般的壞消息打進地獄！

　　那位如兄如師的軍人大哥朱仲麟，在調到高雄憲兵隊不久之後，敵不過長期厭世的心病，終於服用安眠藥自殺了！他決意輕生之前，寫了一封絕筆信給盧修一，盧修一在他身亡之後三天接到信時，淚水潰堤、悲不可抑，幾乎失去理智，差點無法把書唸下去！

　　好友的棄世、家境的困窘、功課的壓力……盧修一的高中生涯，是在和自己躁動不安、憤世嫉俗的靈魂不斷拉扯、衝撞中度過的！他有著深深的無力感，唯一的抒解，只有在夜深人靜時，藉著寫日記，一吐胸中的鬱氣。

就讀建國中學時的盧修一（右）於雙十
國慶時，在總統府前和學校教官合影。

教育誤導　以忠貞愛國者自許

　　幸好，這位憂鬱善感的青年，在建中的校園裡還有許多好友為伴，不至困坐在自己的愁城裡走不出來。例如他一進建中就同班的簡俊男、許昭雄和蔡芳洋，以及後來分組後有兩年同窗情誼的林森雄、陳重義，後來都成為盧修一一生的朋友。來自桃園的簡俊男與住延平北路的許昭雄、以及同樣自幼失怙的蔡芳洋，因為都是本省籍的，和盧修一語言相通、文化相融，感情自然和合。這幾位好友，即使高二之後因選組不同而分班，下課後還是常常攪和在一起。

　　這幾個精力用不完的青春少年兄，除了平日在校園內互相關照外，遇到放假日，還有很多結黨結派的把戲！他們假日活動的地點，最常去的是植物園內的圖書館，也常去許昭雄的家。

　　有一次，盧修一、許昭雄和蔡芳洋等人為了去簡俊男家吃拜拜，居然從台北市穿越山路、行馳小徑、連接省道……，以單程三小時、來回六小時的腳踏車程，只為吃那頓拜拜大餐！

　　但盧修一並不只認同本省人的小圈圈。當時建中校園裡，大多數的學生，乃至從師長、職員到教官，絕大多數都是外省籍的。盧修一雖來自三芝鄉下寒微家境，他處在這樣的環境裡卻一點也不感到自卑，他熱烈地想把「國語」講得更好一點，對於國民黨刻意在校園內灌輸的國家民族意識，以及關於「復國建國」的統一思想，他不但照單全收，而且情感狂熱，每每對於國慶大典上的壯盛軍容及國父遺教及領袖訓詞，心悅誠服，以「忠貞的愛國者」自許。

違抗母命　希望實現救國理想

　　盧修一的國家觀念同時也投射在儒家的淑世理想上。他開始到圖書館借《資治通鑑》注本來看；更以《曾文正公全集》為自己為學處世的範本。高中開始分組之時，盧修一很清楚地知道，自己最愛的是

盧修一（中）高三畢業前，和結拜兄弟簡俊男（左）、
蔡芳洋（右）騎車同遊指南宮。

文史，最大的志向是政治學；但窮孩子想唸文科，不是很不切實際嗎？他應該唸文科嗎？甚至，他應該唸大學嗎？

母親勉力供盧修一唸到高中，已經感到心力交瘁，希望他高中一畢業就趕快去上班，想唸書等上班之後再在職進修。母親不只明白地告訴盧修一別再作升學夢了，甚至也想盡辦法託人去關說淡水信用合作社的職位。

但盧修一不想順從母親的意見。他不是不心疼母親的辛苦，但他深信在日新月異的現代社會裡，沒有高等教育的文憑、沒有紮實的知識和學問，就沒有實現他「經世濟民、安邦定國」的救國理想的可能。

母子兩人的想法僵持不下。盧修一向母親保證：考上大學以後，他會努力兼差，賺取學費和生活費。母親持保留的態度，靜觀大考的後果。

高三那年，盧修一從建中夜間部轉到日間部，進入以文法商為升學方向的高三2班。他立定了上大學的志向，一改過去的耍鬧嬉笑，整個靜下心來，全心進入課業的溫習。

而就在分班之前，為了連結四個死黨的情誼，簡俊男提議，何不結為拜把兄弟？就像武俠小說裡面描述的「歃血為盟」，大家在神明之前結為異姓兄弟。於是，盧修一、簡俊男、許昭雄及蔡芳洋這四個個性迥異卻惺惺相惜的好朋友，真的就像武俠小說寫的那樣，找了一間廟堂，四人一起跪在神明之前，宣誓結為兩肋插刀的金蘭之交！

建中摯友　相互扶持以度終身

論出生年月，簡俊男最大，他的個性也最是義氣凜然，最具大哥的氣概；而個性溫和、心思細膩的許昭雄，則排行第二；講起話來嘴角生風、是非分明、機智幽默的盧修一則是老三；老實敦厚的蔡芳洋，本來就像四人中的小老弟，也就很安份地當老么。

一九五九年的大學聯考，盧修一在全力的衝刺下，考取了政治大學邊政系。母親並不覺得高興，她耗費巨資，買了一個瑞士的「ORANO」

結拜四兄弟：老大簡俊男（後右）、老二許昭雄（後左）、
老三盧修一（前右）、老四蔡芳洋（前左）。

手錶給兒子，希望他還是去上班；盧修一堅持要唸大學，而且馬上採取行動，透過高中同學許昭雄的介紹，在永樂市場找到一份殺魚、賣魚的打工。他是山裡長大的孩子，對魚類不熟悉，聞到魚腥味更作嘔；但他開心地上工，整個暑假都在市場工作，就在大學開學的前一天，他拿到生平第一筆自己賺到的錢，正好可以支付一半的學費。

盧修一真正的理想科系是政治系，所以他一進政治大學邊政系，就以轉系到政治系為目標。

政治大學前身是國民政府一九二七年在中國創立的中央政治學校，首任校長是蔣介石；一九五五年，該校在台復校，成立大學部。一直以來，這所以梅花為校徽、五月廿日為校慶的大學，就和國民黨有密不可分的關係。

考進黨校　從邊政系轉政治系

政大校園內瀰漫的忠黨愛國氣氛，對當時的盧修一而言是合拍的。黨國一家的意識，透過每週一下午的週會，由當時赫赫有名的學者專家如王雲五、于斌、薛毓麒及王洪鈞等人來演繹，不但讓盧修一視野大躍進，對黨國合一的概念也更根深柢固。

除了大量吸收教授們的指導，盧修一也開展自我閱讀的計畫。他讀法學方面及中國近代史的各種參考書，也讀《資治通鑑》之類的大部頭典籍。他讀書的真正動力其實來自內心的認知及追求，表相上，好像是為了轉系，或者是為了一個遙遠而模糊的救國理想，還不如說，他強烈的求知欲、孜孜不倦的讀聖賢書，是為了磨鍊自己的心性，也是為了提昇一己的品格。

就在日日夜夜忙於兼家教賺錢，以及努力K書爭取各種獎學金的充實日子中，盧修一順利度過大學的第一年，也終於以多出門檻僅僅兩分的幸運之中，成功轉到政治系！

大二時的盧修一（左）和同學前往日月潭遊玩。

盧家家境最困苦的時期，盧修一的母親去做幫傭，為人家煮飯、洗衣服，賺取微薄的收入給盧修一讀書，她寧可生活辛苦，也一定要把盧修一養大。一九六〇年就讀政大政治系的盧修一與母親葉蜜女士同遊指南宮。

留歐始知　台灣歷史

一九六八年九月，盧修一帶著單薄的行李和微少的生活費，在好友許昭雄和施光的協助下，飛抵比利時，進入魯汶大學，開啟他的留學生涯。

在比利時三年，是盧修一人生一個大的轉變。原本他有大中國意識，因視野與交遊擴大，他開始關注台灣史，並接觸台獨運動的理論。這段時期，他與好友何康美、張維嘉等人共同發起成立歐洲第一個「台灣同鄉會」，發行《鄉訊》月刊。

一九七一年中華民國被趕出聯合國，盧修一受到史明的影響，想要回到台灣做地下工作，他原本打算到巴黎去玩幾個月就回台灣，沒想到在巴黎遇見陳郁秀，從此改變他的一生。當時陳郁秀在法國國立巴黎音樂學院攻讀鋼琴，盧修一因此決定從比利時轉學到法國巴黎，並攻讀博士學位。

媽媽：又是致獻虔馨祝福的母親節，一如往年，也一如來年，我總在心裡為您的一切快樂，奉上玫瑰無數，請您欣然接納。

一九六九年留歐所攝，意氣
風發的青年，開始了另一段
改變自己人生的旅程。

心儀英國　國會內閣權力平衡

　　盧修一是以「立志成為政治家」的信念來讀政治系的。他一轉進政治系，就設定兩個目標：一是考研究所；二是加入國民黨。

　　盧修一為了日後考研究所或高考可以多得分，除了專業科目之外，特別在國文和英文方面下功夫。他本來對國學就有興趣，課餘就自己研讀《資治通鑑》、《昭明文選》和五經。至於英文，則靠著收聽趙麗蓮的英文廣播，以及每週參加教會查經班兼會話練習，來增加聽說讀寫的能力。

　　大二上學期，盧修一對「西方外交史」、「國際政治」及「地方自治」這幾門課十分拿手，大二上學期，他即以優秀的成績，超越了之前兩學期都拿第一名的同學，得到全班第一。

　　拼第一名並不是盧修一用功的誘因，他真正愉快地浸淫在政治學的專業領域裡。他對「西洋政治思想史」非常投入，從古希臘時代起至十七世紀後英、美、法的民主意識發展，一脈相承的思想體系，以及包括個人主義、社會主義等哲學性的論證等等，他都能相互對照研讀，從中體察人類在政治思想上的發展，以及歐洲各國政治結構的流變。其中，他對英國的內閣制特別有興趣，他認為，英國的國會和內閣之間，有相當靈活的「相互制衡」關係，那是沿襲了三百年的歷史經驗及實際運作之後，在深厚的民主基礎上所發展出的權力平衡制度。他心想，如果有一天，台灣也能真正實行內閣制，透過競選國會議員來治理國家和立法的大事，應該會讓台灣走向更美好的前途吧！

阿公辭世　赫然感慨生命流失

　　盧修一夢想有朝一日能成為台灣的國會議員，因此他認為自己一定要加入國民黨。但他不想貿然地主動加入。因為他知道自己不會是愚忠型的黨員，日後不可能百分百地服從國民黨；如果一開始就一頭

1：盧修一在文化大學社團幹部研習營演講。
2：年輕時的盧修一，已開始展現出他的魅力與才華。
3：盧修一大學畢業後考上第十二期預官，圖為服役時擔任三民主義巡迴教官的演講神情。

熱地自動入黨,日後想發表一點較個人化的思想或意見時,可能會受到比較大的打壓;他以為如果一開始是被有背景的人推薦進去的,別人對他的「異見」,可能會有較大的寬容度吧?!

後來,因緣際會地,在一位和藹可親的吳師母及一位救國團副主任的共同推薦下,盧修一終於如願成為國民黨員。

一九六三年夏天,盧修一的祖父盧鐵樹,健康突然惡化,經醫院檢查是肺癌,病情已經無可控制。當時正緊鑼密鼓準備研究所考試的盧修一,心情自然大受影響。

祖父一直很疼愛盧修一,他被病魔折騰到不成人形的病況,讓盧修一不知所措,經常和家人圍在一起黯然哭泣。

祖父年事已高,而且已經癌症末期,因為敵不過癌症的摧殘,發病幾個月後,在七月二日晚上終於走了。

盧修一雖曾歷經喪父之慟,但那時他還太小,不知什麼是生離死別。祖父的死,卻讓已經成年的盧修一清清楚楚見識到,一個生命由盛而衰,以致到最後一口氣吐盡了的全然滅絕。死亡,原來是一種無可抗拒的生命情態,原來是一個難以言喻的痛苦黑洞。盧修一過去以為自己挺得住這種生命的變化,不料在阿公辭世的關卡上,他才知道人的力量是那麼有限、那麼微渺!他寫了一首七言詩,來描述當時的心境:

古往今來多少夢,富貴榮華一陣風;借問何人留得住?生離死別都成空。

阿公辭世帶來的傷痛,以及接下來一連串繁文褥節的守靈送葬儀式,大大地影響盧修一的應考心情。他沒有考上政大政治研究所,考上的是中國文化學院(今文化大學)的政治研究所。他不急著入學,他選擇先當預官,轉換一下視野和心情。

修畢碩士　青年才俊大學講師

一年預官役榮退之後,盧修一進入中國文化學院政治研究所。家

一九六四年七月七日，盧修一
攝於台南隆田基地，時為退伍
前一週。

上：盧修一（右）文化大學研究所
畢業時，與師長、同學合影。
下：一九六六年七月，盧修一自文
化大學政治研究所畢業。

中的經濟仍然非常窘迫，盧修一仍必須努力兼家教。他估算，每個月一千元的家教收入，加上學校發給研究生每個月五百元的津貼，勉強足夠應付自己的開銷，甚至還可以拿回一些錢給母親。如此一來，他的心也就安定下來，展開更自律、更開闊的讀書計畫。

在陽明山華崗，盧修一彷彿重回小時候熟悉的山林景致，這裡的林相豐美，且時有雲霧飄渺的夢幻情境，比起故鄉不但不遜色，反而更令人沉醉。而文化學院校歌中那種「振衣千仞岡，濯足萬里流」的雄心壯志，更暗暗激勵了盧修一。他心想，雖然文化學院的名號不如政治大學，但政治學已是自己的第一志願，他追求的是一位政治家的鍛鍊和陶冶，必須假以時日慢慢養成，眼前看來好像不如政大研究所的同學，但他知道自己絕非輸家，未來還有很多很多的試煉呢！

一九六五年，盧修一在黃得時教授的指導下，完成了碩士論文──〈連雅堂民族思想之研究〉。

由於文化學院的創辦人張其昀校長，與連雅堂之子連震東關係匪淺，兩人不但在國民黨的組織裡有長期而密切的互動，張其昀辦文化學院時，更獲得連震東在資金及校務上的鼎力相助。所以盧修一的這篇論文，十分受張其昀校長的青睞，盧修一不但風光地在畢業典禮上代表全體畢業生領畢業證書、致謝辭，後來更被張校長欽點，畢業後留校擔任系上講師及兼任訓導處課外組活動組長。

至此，盧修一終於脫離學生生涯，找到正式的工作。他的母親，總算看到苦盡甘來的曙光，二十多年來，拉拔一個幼子成為青年才俊的大學講師，也不枉她矢志守節的堅心了。

一九六六年，盧修一研究所
畢業後，繼續留在文化大學
擔任行政工作。

盧修一與母親攝於台北縣三重舊居。出國之前，母親最擔心的是：盧修一什麼時候回來呢？會不會像許多留學生一樣，「留而不歸」呢？盧修一堅定地回答母親說：「我一定會回來。」

機票昂貴　寡母不捨獨子單飛

　　盧修一原本也沒有再出國留學的癡心妄想，經濟問題當然是唯一的阻力。但他的好友施光曾經大膽地放棄研究所課業，前往比利時魯汶大學深造。他臨出國期勉盧修一說，要對英、美、法三國的政治多加研究，「雖然你的經濟條件差，但你的學識及見解卻不是一般人具有的。」他意味深長地說。

　　盧修一開始在文化學院任教之後，短暫過了一段安定的日子。但他內心對出國深造的憧憬，卻一天天浮動起來。他向母親提出想出國深造的想法，想當然耳，母親極力地反對。不好好賺錢反而要花大筆錢，還不是母親最反對的理由，最讓母親不捨的，是盧修一想去比美國還要更陌生、更遙遠的歐洲。

　　當時一張歐美機票的價錢相當於鄉下一甲田地，家境普通的留學生，一出國門，沒有天大的事不會回來，總會和家人睽違數年，直等到學位到手了才歸巢；母親和盧修一相依為命二十八年從未遠離過，雖然兩人大小事都能鬥嘴，但畢竟這個獨生子是她這一生唯一的倚望，教她如何放手讓他天涯單飛呢？

　　盧修一心意已決。他一邊和母親懇談，一邊採取實際行動。他辭去文化學院的教職，搬回家和母親同住。白天，他到三重的清傳商職教國文；晚上，就到台灣大學校內由教育部開辦的歐語中心補法文。盧修一在政大政治系二年級時，就曾選修過法文，已略有基礎。

一九六七年，盧修一出國留學前，曾在台北縣三重市清傳商職擔任國文老師，圖為盧修一在清傳商職高二仁班上課時留影。

1

2

1：魯汶大學一四二五年由馬丁五世同意約翰四世（布拉班特公爵）建立，是現存最古老的天主教大學，同時也是西歐「低地國家」（包括荷蘭、比利時、盧森堡等國）最古老的大學。1968 年起分為兩座大學——天主教魯汶大學（荷蘭語）和天主教魯汶大學（法語）。

2：魯汶是比利時的一個小城市，在布魯塞爾的東方約二十五公里處，因為是魯汶大學的所在地，才為世人所知。

3：在古色古香的幽靜迴廊中留影，時間彷彿靜止。

4：盧修一在比利時魯汶大學（Université Catholique de Louvain），就讀於政治社會學研究所（Institut des Sciences Politiques et Sociales）。

認為那人是「叛國徒」。從他和何康美的對衝開始,接下來盧修一到了魯汶大學的台灣留學生圈子中,就展開他「什麼事都能和人爭論不休」的處世風格。

不過盧修一的人緣並不因為好發議論而有所損壞。相反的,他很快地就成為圈內頗受歡迎的人物。他思想靈活、辯才無礙;他對很多事物都充滿興趣,不論是政治、藝術、飲食、玩樂……,只要有他在的場合,必定充滿笑聲及活力!每次到新的場合,他作自我介紹時一定會說:「大家好!我姓盧,以後我的兒子要叫盧森堡!」就這樣,他迅速與魯汶大學的留學生打成一片,也是從那個時候起,認識他的人都叫他「盧仔」。

盧修一抵達歐洲大陸的這一年——西元一九六八年的五月,在法國,以巴黎索邦大學為基地,全國正如火如荼地引發「五月學潮」,學生和工人以罷課和罷工的實際行動,要求校園和社會提供更自由開放、公平正義的環境。這股風潮如野火般蔓延到西歐幾個國家,在比利時,引爆的是荷語族群爭取語言尊嚴的意識之戰。

語言紛爭　魯大荷語法語分家

過去一百多年來,比利時境內荷語的使用常受到壓制,受「五月學潮」影響,荷語族群勢力反撲,位於荷語區的魯汶大學,甚至發生說荷語的師生要求分家,要把說法語的人趕出魯汶城的事件。這個事件非同小可,由於比利時首相堅決反對魯大分裂,導致內閣中有八位荷語大臣辭職、內閣停擺、首相下台的混亂狀態。這股政治亂潮,直到三個月後新政府成立,經協商之後,同意讓魯汶大學分為荷語、法語兩分校,而法令也修改為,日後荷語區內不得成立法語教育機構、法語區內亦不可成立荷語教育機構。

盧修一到魯汶時,魯大校內為了語言分立的問題還在爭吵不休。光是一所大學內語言使用的問題,可以鬧到首相下台、內閣重組,真

一九七〇年一月十四日，盧修一
和好友攝於比利時。

教台灣留學生長見識了。尤其是本省籍的學生,反觀自己的母語(台語)長年以來遭到播遷來台的國民政府貶抑、打壓,淪為次級語言的處境,比利時人對語言尊嚴的捍衛,相當值得台灣人思索。

但剛剛踩踏在魯大土地上的盧修一,一時還不覺得有什麼問題。他忙著適應環境,也忙著打工賺生活費。他雖然住在教會提供的男生宿舍,但都到雷鳴遠神父創辦的「中國之家」去包伙,可以省下比國際宿舍便宜一半的伙食費。

在施光的介紹下,盧修一很快就到中國餐廳去打工,洗盤子、端盤子,他都做得很上手。由於上課時教授不點名,研究的時間也可以自己分配,所以盧修一可以打週五到週日晚上的工,寒假時,則可打一整個月(週休一日)的全時工。打工雖然辛苦,但以當時比利時郎(美金與比利時郎兌換率一比五十一)的強勢,他的打工所得,已足以應付生活費和學費,甚至還可省下一些積蓄寄回台灣給母親呢!

台灣青年 一棒敲醒忠黨學生

當然,社交和打工,都只是盧修一剛到比利時的一個暖身而已。他很快地進入學術的天地裡,像海綿吸水般大量地學習。有別於蕞爾小島——台灣,歐洲大陸深厚的文明底蘊及輝煌的歷史遺址,包括人、事、物的種種面目,在在都吸引盧修一的觀察及體悟。

歐洲大學學府裡的自由開放風氣,更令他感到如放出牢籠的鳥。過去他在書本上所學的政治理論和案例,來到歐洲,完全可以親眼見證、親身體會,那種書本理論躍然現實的感受,讓一向就敏銳於思考、覺察的盧修一,一方面感到新鮮振奮,一方面也對過去所受的黨國教育,開始感到質疑。

盧修一對於自己一向熱中的政治學,更是盡情研讀。除了可以輕易從圖書館及書店取得這類的書籍和文獻外,還有很多主動送到留學生手中的華文刊物如《台灣青年》及《人民畫報》等。

一九七〇年五月底，於魯汶大學宿舍二樓
小陽台留影。後方尖塔為市政廳的一角。
到陽台去要穿過一個客廳，是平時同學們
開會、聚會的地方。宿舍臨街，車來車往，
非常吵，但盧修一覺得，習慣了也就無所
謂了。

《台灣青年》是一本極力鼓吹台灣獨立、抨擊蔣介石政權的「異議」刊物，在當時的台灣，出這種刊物的人會因「思想犯罪」而坐牢甚至被處死刑，一般民眾，根本無法看到這類刊物，但有機會出洋到歐、美留學的學子，就能透過這類刊物聽到完全不一樣的聲音。

盧修一剛開始閱讀這類刊物時並不以為然。他認為這些人在外國批判自己的政府，很不愛國；在參加同鄉的聚會活動時，如果聽到有人在罵國民黨，盧修一會振振有辭地維護政府，並且指責那人「不愛台灣」。而被他指控為「叛國徒」的人，則冷冷地對他說：「你才剛來，不要講太多；等等多聽、多看之後，你可能就會理解別人在講什麼，甚至會後悔自己說過的話。」

美國之旅　動搖盧仔國家觀念

盧修一當下並沒有認同那人講的話，不過沒有多久，他就從一個極右派的國民黨黨化教育成功的青年，轉變成認同社會主義的左派青年。就在他走出台灣的一年多、也就是一九六九年的暑假時，一趟美國之旅，就動搖了他長久以來建立的國家觀念。

盧修一高中時期的結拜兄弟——老二許昭雄和老四蔡芳洋，一九六九年時都在美國。許昭雄已在美完成學業，謀得土木工程師的好工作；蔡芳洋則在完成第二年住院醫師工作後，申請到費城一家教學醫院深造。盧修一和許、蔡兩人，在一九六九年的一月相約在美國紐約見面後，三人再一起開車陪蔡芳洋到費城報到。

盧修一平生首次來到費城，當然要去參觀曾簽署「美國獨立宣言」的獨立廳和自由之鐘，他親見到「獨立宣言」中所闡述的「人生而平等，造物者賦予他們若干不可剝奪的權利，其中包括生命權、自由權和追求幸福的權利。為了保障這些權利，人類才在他們之間建立政府，而政府之正當權利，是經被治理者的同意而產生的。當任何形式的政府對這些目標具破壞作用時，人民便有權利改變或廢除它，以建立一

IN THIS TEMPLE
AS IN THE HEARTS OF THE PEOPLE
FOR WHOM HE SAVED THE UNION
THE MEMORY OF ABRAHAM LINCOLN
IS ENSHRINED FOREVER

一九六九年一月，盧修一在美國紐約參觀曾簽署「美國獨立宣言」的獨立廳。

個新政府。」之理念時,感到非常震撼;過去長久以來,他在書本上讀到的「民有、民治、民享」等崇高的政治理想,原來兩百多年前,就已經在美利堅合眾國的開國史上得到應證。

六〇年代　全球反制不公不義

同一年的暑假,盧修一再次飛往美國打工。他在一家酒吧,每天從早忙到晚。但隨著身體的勞動,他的頭腦也一直在觀察思索。他讓自己置身在藍領階級的低薪及勞苦中,實地面對勞資之間的問題;他更想到自己的母親在台灣也只能屈身在工人階級,心中更覺愁鬱不平。

不知從什麼時候開始,這位昔日的大右派已經漸漸「轉性」,對資本主義社會裡的物慾追求及奢侈浪費,開始感到憎惡。雖然,這位貧苦出身的留學生都快三十歲了,還在為學費及生活費捉襟見肘,但他卻已經感到物質的侷限性,惟有在精神及心靈上的追求才可能有真正的滿足。

事實上,盧修一並不是獨自唱高調的人,當時,像他這樣對現狀產生質疑、反省的人非常多。整個六〇年代,全球都處在一個大變革的狀態。六〇年代在拉丁美洲爆發的「紅色狂潮」、中國的「文化大革命」、美國由金恩博士掀起的民權運動、法國的「五月學潮」等等,除了在本國造成劇烈的衝擊,更帶動了全世界的思潮與學潮。歐美國家的年輕人開始奉行一套與他們的父母輩截然不同的價值觀,學生們不再安份地在校園唸書,而是參加各種社會抗爭的運動。從高中以上到研究所的學生,都對社會既有的制度及價值體系提出強烈的批判,且相信透過批判和對抗,能把那些不公義或不合理的現況翻轉過來。

一九六九年一月，盧修一攝於美國
首府華盛頓的國會山莊前。

雖然曾當過魯汶大學國民黨學生黨部的小組長，但他日常生活裡，還是和以何康美為首的幾位本省籍同學走得比較近。他們一起關心各種與台灣有關的議題，共同創立歐洲第一個「台灣同鄉會」，並且發行《鄉訊》月刊。首任會長由施光出任，盧修一則負責總務，初期會員約有三十人。

鄉訊月刊　發表獨立建國言論

盧修一開始在這份《鄉訊》月刊上發表一些以台灣為主體性獨立建國的言論，他的文筆尖銳活潑，才思敏捷，相當受到注目。但國民黨黨部的人發現他立場的轉變，開始不找他去開黨員的小組會議。

而「台灣同鄉會」的成立，也不被當時中華民國駐比利時大使館的承認，因為這個團體被認為是台獨的外圍組織。不過所有「台灣同鄉會」的幹部都不受影響，繼續運作。還好，在魯大校園裡，「台灣同鄉會」並沒有引起外省籍同學的排斥，大家都來自台灣，還是有濃厚的互相認同。盧修一則橫跨兩邊，也去參加外省籍同學組織的「中國同學會」的活動，且在一九七一年，當選「魯汶中國同學會」的會長。

繼比利時成立「台灣同鄉會」後，歐洲各國如法、德、奧、義及瑞士等國的留學生和台灣人，也紛紛跟進。因此，當「釣魚台」事件發生時，歐洲各國的「台灣同鄉會」也群起發動保釣行動，尤其是魯大的台灣留學生，更成為歐洲各國台灣同鄉會的統領，時時和北美洲的保釣團體互動連繫。

這波保釣運動自一九七〇年年底一直發酵到一九七一年初，時值歐美國家冰天雪地的嚴冬，然而海外留學生的愛國情緒卻像火一般炙熱。盧修一身為「中國同學會」會長，身先士卒，頂著大雪，帶同學一起到日本及美國駐比利時大使館遞交抗議書，並在一九七一年發刊的《釣魚台激流》月報上，寫下一首代表他的心境的詩。

盧修一開朗的笑容總是讓人留下深刻的印象。

海外保釣　熱血青年瞬間冷卻

驚蟄響於驚蟄之後
風車驕傲的立在原野
撥動起死水，流向田間
大地，在陽光下
無奈張開了冬眠的睡眼
農夫的鋤，劈，落在冷漠的硬土裡
是播種的日子了
等待了如此漫長的冬

他還慷慨激昂地寫著：

全力保衛對釣魚台列嶼的主權，堅決反對日本野心，反對美國重演雅爾達密約的陰謀，督促政府堅決維護國家利益。

同胞們！拿出你的愛國心，拿出你的責任感，為維護釣魚台領土主權而努力。

前進！前進！前進！

盧修一一直認為，割捨釣魚台，不只是領土的損失，更是關乎民族尊嚴的大事；但沒想到，政府最後的軟弱態度，讓海外許多天真的愛國學生，最後卻像熊熊火盆被當頭潑下一盆冷水，讓很多熱血青年一時難以承受，後續引發的效應，竟然是意識型態的大分裂。

原來，懷抱著愛國情感的年輕人，因為見識到國民黨政府的懦弱無能而大失所望，中共趁機進行統戰，透過各種刊物、人員作思想的傳輸，讓海外的台灣留學生相信中國大陸雖然貧窮落後，但在國際上卻能和美、蘇兩大強權抗衡；中共不斷向受挫於保釣運動的學生們放話，如果能統一台灣、建立一個中國，那統一之後的所有中國人，就能團結一心，不再受外強欺侮，在世界上揚眉吐氣。

盧修一在花都巴黎，深刻體會
法國人浪漫與自由的氣息。

想要返台　進行台灣本土革命

　　盧修一在歐洲的幾年生活中，見識到歐洲幾個小國雖然領土狹小、國民稀少，但國與國之間都能互相尊重、和平共處，各國也因獨立治國而保有相當完整的民族文化特色，享有自主自決的政治體制，這種有別於「決決大國」的理想小國，讓盧修一打開視野，原來獨立治國，更能實現民主自由的理念。

　　盧修一和台獨人士的往來開始密切。他大量閱讀「禁書」，以及台灣看不到的台獨理論書籍，包括香港的《七十年代》和《明報》等。他對史明所發表的「台灣民族民主革命」的論述，也相當有興趣。他體認台獨的思想愈多，就愈覺得要真正解決台灣何去何從的問題，一定要回到台灣本土進行革命才行。

　　此時盧修一開始和歐洲台獨聯盟活躍人士張維嘉互動頻繁，並開始組織秘密的台獨團體。大家建立了一個默契，就是身份已經暴露且被國民黨列為黑名單者，日後就繼續留在海外活動；而紀錄仍然「清白」的，就在學成之後回去台灣，從事革命運動。所以，為了保持身份的清白以便回台，盧修一開始在行動及言論上節制，不再參加公開的同鄉會活動。

　　後來張維嘉脫離台獨聯盟組織，在國際間的獨台會奔走串連。為了和盧修一有更多的聯繫、共識，張維嘉一直召喚盧修一，在魯大的課程結束之後，先到巴黎去找他。盧修一修完課程，理應開始寫論文。但他當時充滿革命理想，揚言對抗文憑主義，論文不想寫了，要馬上展開革命行動。但在回台灣之前，他要先去巴黎走走，就當作是學業結束、進入社會之前的一個喘息空檔吧。於是，一九七二年的春天，他整裝前往巴黎，原計停留兩個禮拜左右，沒想到，他在巴黎遇到了一生的真愛，不但在巴黎完成終身大事，更在巴黎駐留了三年的時間。

盧修一看到西方民主的運作方式，各種媒體所表現的不同聲音，更令他確立什麼是民主、法治的價值觀。

返台教書　被捕入獄

一九七四年，盧修一和陳郁秀在巴黎公證結婚。

一九七五年底盧修一夫婦回台後，盧修一回到中國文化學院（現為文化大學）任教。一九七七年，盧修一擔任政治系系主任；當時三門主要課程（政治學、各國政府、西洋政治思想史）都很重，要花很多時間準備，而且日夜間部都教。然而，其間他仍回到巴黎，於一九七九年十二月取得巴黎第十大學博士學位。

一九七六年盧修一的女兒、兒子陸續出世。然而，一九八三年，盧修一在文化大學政治系主任任內，卻因他的台獨思想，遭警備總部羅織罪名，於自家遭到逮捕，被送到土城仁教所「感化三年」。

一九八三年一月八日，盧修一被逮捕的當天，清早他家門外衝進十多個彪形大漢，押住盧修一。盧修一被押走前，只交代陳郁秀一句話：「看清楚拘票，趕快找律師！」就被拉扯下樓了。

盧修一被捕，對他的寡母、愛妻、稚齡兒女而言，猶如晴天霹靂。

盧修一為了追求陳郁秀，
決定由魯汶大學轉到法國
巴黎大學，繼續博士課業。

初次見面　乍然發現人生伴侶

　　一九七二年春天，盧修一從比利時到巴黎旅行前，其實已經預訂
回台的機票。他抵達巴黎後首先與同為秘密組織的成員劉重次取得聯
繫。劉重次是一位頂尖的電腦資訊人才，當時正拼命研究中文打字輸
入法，日後果然在台灣創立「嘸蝦米」資訊公司。

　　因劉重次的關係，盧修一認識了來自台灣、在巴黎音樂學院主修
鋼琴的陳郁秀小姐。陳郁秀是台灣知名畫家、師大美術系教授陳慧坤
的掌上明珠，也是自北一女二年級時即被保送法國留學的資優生。她
十六歲即隻身來法，在舉世知名的音樂學府深造，每天都兢兢業業，
忍著鄉愁和青春的躁動，把握每一分鐘勤加練琴，極少參加同鄉會的
活動。她唯一的目標，就是通過一關關嚴苛的考試順利畢業，不要辜
負父母的期望。

　　彼時，陳郁秀正昏天暗地準備著最關鍵的畢業獎考。劉重次關心
這位同鄉小妹，決定親自下廚燒一桌台灣好菜，為她的考試加油打氣。

一九七二年盧修一與陳郁秀在異國他鄉結下一生的情緣。

劉重次邀請盧修一來作陪，陳郁秀也找了一位同在巴黎學琴的女友一起赴約。

一九七二年四月十六日那天，盧修一在劉重次的家裡第一次見到陳郁秀。沒想到才開始吃飯沒多久，盧修一就對陳郁秀「瘋言瘋語」：「妳很有名欸，可是都看不到妳！」、「我們兩個有夫妻緣喔！妳就是我心目中的牽手！」

陳郁秀出身書香門第，一向端莊自持，愛情的世界仍一片空白，誰知今日遇上盧修一這種狂浪份子。她盡力保持風度不理他，誰知盧修一變本加厲，開始對著她叫：「太太！太太！」陳郁秀簡直氣壞了，忍無可忍抓起桌上的蘋果皮向盧修一丟去，想叫他閉嘴！

為愛痴等　終獲鋼琴佳人首肯

哪知盧修一不但不以為忤，反而嘻皮笑臉地把蘋果皮丟回陳郁秀身上，那果皮沾掛在秀美的鋼琴家陳郁秀衣服上，看來有點滑稽，其他人看了都傻眼了，陳郁秀氣到說不出話來，氣鼓鼓地拂袖而去。

盧修一在巴黎和陳郁秀初識，他看到第一眼時，就篤定地告訴陳郁秀「妳是我今生的新娘」。

其實，盧修一對陳郁秀的失禮，不是唐突西施，而是對這位佳人一見傾心，故意用冒犯她的方式來引起她的注意。陳郁秀小他八歲，但他從看到她的第一眼起，就覺得好像早已認識。她爽朗的笑聲、落落大方的氣質，和他率真的個性隱然投合；而她流露出的閨秀教養，更令他心蕩神馳，直覺這就是他理想伴侶的人選。

雖然才第一次見面就把人家氣走，但盧修一不覺喪氣，反而生出

展現在你面前的世界是廣闊而豐富的，
呈現在你面前的道路是開朗而且光明的，
然而我多麼希望，那是屬於我們的二人世界。
那是屬於我們共同奔馳的道路，如果妳就是我的方向，
我知道我會前進得更快、更有精神、更有意義。

盧修一給陳郁秀的第一封情書。

志在必成的決心。第二天一大早，他專程前往陳郁秀的宿舍，請修女舍監傳達想見伊人一面的心意。

陳郁秀一聽來者是昨晚那個冒失鬼，心想那人可能不太正常，根本不敢下樓見客。但盧修一毫不氣餒，接下來好幾天，他都準時來報到，坐在樓下的會客室像傻子一樣，陳郁秀不理他也沒關係，他就自己看書或和修女聊天，等到晚上十二點宿舍要關門了，已經沒有地鐵，他就走幾個小時的路回去自己住處；小睡一下，第二天一早再搭早班地鐵去宿舍等待。

就這樣連續痴等了幾天，連最嚴格的修女都開始幫盧修一講話，要陳郁秀練完琴就下來和他見見面。又過了幾天，盧修一竟和大夥都混熟了，甚至還獲邀參加陳郁秀的慶生會。

盧修一為陳郁秀準備了一頂橘色大草帽和一套土耳其藍比基尼當生日禮物。陳郁秀很喜歡那頂大草帽，當她接受那頂大帽子的當下，事實上也代表不再排斥盧修一了。盧修一大喜過望，接下來更是風雨無阻地日日去排班站崗。

白色鈴蘭　實為社會主義象徵

盧修一沒預料到自己竟會在企圖搞革命的前夕陷入情海，這完全打亂了他的人生計畫！之前他也談過幾次戀愛，也曾想要找個好對象牽手一生，但後來都受到主、客觀因素的影響而黯然分手。但在他的內心裡，愛情是生命中的大事，值得用最大的心力來追求，當他遇到

在法國，鈴蘭是代表幸福的花朵。
五月一日是法國的「勞動節」，也是相贈「幸運之花」鈴蘭的情人節。此為盧修一送給陳郁秀的鈴蘭卡片。

還記得在一九八〇年，我在巴黎獨自一人的時候，
也曾畫了一張鈴蘭寄回台灣給你，
你一定深深記在心裡的，不是嗎？
你雖然常鬧糊塗事，忘記這個、那個的，
但是，我確信這件事、
這類事你無論如何是不會遺忘的，不是嗎？
現在，我依據印象畫出我心中獻給你的鈴蘭：
「鈴蘭生同根，永結愛與恩
年年春來發，情意映深深」
獻給我所愛的妻

陳郁秀的那一刻,他就知道,再也不能錯過這位佳人了,無論用什麼方法、用多少時間,一定要擄獲她的芳心!

　　盧修一取消返台的機票,為了陳郁秀決定長時間停留在巴黎。但他眼看陳郁秀為了準備畢業考忙得昏天暗地,也不敢擾亂她的心。他總是靜靜地等待陳郁秀練琴練到一個段落之後,才和她短暫相處;他細膩地體察她的需求,知道什麼時候該拿水給她、什麼時候要幫她錄音;他更以密集的送花來為她加油打氣,其中最常送的,就是白色鈴蘭花。

　　時序進入五月了,五月一日是法國勞動節,也是民眾互贈鈴蘭花的日子。在法國,鈴蘭是代表幸福的花朵,也是社會主義的象徵。這一天,盧修一不像過去十多天那樣,一早就跑到陳郁秀的宿舍去,而是趕赴共和廣場參加秘密組織會議。一整天的冗長會議結束後,盧修一跑遍了巴黎的花店,最後才在一個小攤子買到一束鈴蘭。他趕搭地鐵,滿身大汗地跑去找陳郁秀,將鈴蘭花送到陳郁秀的手中時,他激動而深情地對陳郁秀說:「郁秀,願這束鈴蘭帶給你一生的幸福。我真的認為你是我的牽手,我本來最反對資產階級,而你從小學琴,即將成為鋼琴家,和我生活在不同的世界,不過我有信心,給我機會,相信經過相處之後,我們一定是最適合的一對!」

墜入情網　革命不成攻讀博士

　　從那一刻起,陳郁秀被盧修一的直率、真誠、大膽及自信深深感動了。她開始試著去了解他,而不是像過去兩個禮拜那樣,把他當成「笑話」。

　　接下來的兩個月,陳郁秀衝刺考試,盧修一仍是天天一早就去宿舍,只為了在中午飯後短短的十五分鐘,以及晚飯後的十五分鐘,和伊人見個面、說幾句話;從五月一日到六月陳郁秀畢業考那天,盧修一天天都送陳郁秀一束鈴蘭;如果真的買不到,他就自己畫一張鈴蘭

盧修一與陳郁秀一九七四年
九月二十三日於法國巴黎公
證結婚。

盧修一送給陳郁秀的書法，「妳是我今生的新娘」。

花的卡片給她,並在卡片上寫著一首小詩:

「鈴蘭生同根,永結愛與恩,年年春來發,情意映深深。」

六月中,陳郁秀終以第一獎通過畢業考。隨著大事底定,她終於定下心來看盧修一。她承認,像他這樣有思想內涵、有赤子之心且懂得與學音樂的女性相處的男性並不多,她願意敞開心懷接納他的愛。

盧修一確認了陳郁秀的情感之後,欣喜若狂,決定留在巴黎與她廝守。原本熱血沸騰要回台搞革命的他,因為墜入情網而計畫全部翻盤,他在魯汶大學的一群好友,知道情形後都極力取笑他。

經過鍥而不捨的追求,盧修一終於贏得陳郁秀的芳心。

盧修一雖然情場得意,但也不得不承認自己革命鬥志薄弱,實在無顏再回去魯大!而為了更合理化留在巴黎的理由,他決定申請巴黎第十大學,在社會科學高等研究學院攻讀博士學位。

陳郁秀的父母在台灣得知遠渡重洋的寶貝女兒竟然被一位學政治的窮小子追上了,當然堅決反對。當時的台灣人心中仍有「二二八」的陰影在,陳郁秀的父母深怕女兒嫁給搞政治的,日後出事了怎麼辦?為了阻止這段戀情,摯愛女兒的陳慧坤甚至揚言斷絕對女兒的經濟支持。

婚禮從簡 岳家仍然有所抗拒

但盧修一和陳郁秀的感情已經濃得化不開了。一九七三年的夏天,兩人決定結婚。陳家兩老仍不願點頭,陳郁秀夾在愛情和親情之間備

chérie：

先獻上 小詩一首：

我愛你
　以生命和呼吸
　以現在和未來
　像海洋那樣澎湃
　像山嶽那樣不移

我愛你
　以生命和呼吸
　以今生和來世
　像天空那樣專注
　像晨曦那樣真摯

我愛你
　以生命和呼吸
　以理想和出征
　像玫瑰那樣熱情
　像鈴蘭那樣虔誠

盧修一畫的鈴蘭卡片送給陳郁秀。

受煎熬，經常以淚洗面。盧修一非常心疼，只能安慰她說：「你是父母的心頭肉，他們捨不得你跟著我受苦，就讓時間來爭取他們的諒解吧！」

一九七四年九月二十三日，在相識兩年半之後，盧修一和陳郁秀在巴黎第十六區區公所公證結婚，只有兩位證婚人和陳郁秀的法國監護人一起參加，沒有白紗也沒有父母的祝福，一切從簡。這天起，盧修一身邊多了一位革命伴侶，人生行路不再踽踽獨行。

直到他生命的最後一天，陳郁秀始終是他最相愛相知、最堅貞互助的好伴侶。

一九七二年初在巴黎，一個偶然的機會裡，盧修一看到了兩本日本人山邊健太郎主編的、有關日據時代台灣政治運動的史料集，赫然發現在一九二八至一九三二年間，台灣人曾組織了共產黨，且在當時就已經提出了台灣獨立、建立台灣共和國的明確主張，只是在一九四九年後，這段歷史被渡海來台恐共及反共的國民政府刻意湮埋，後人少有得知者。

讀著這段歷史時，盧修一難掩心中的澎湃。時隔六十年以上，他的政治理念亦很清楚地指向和前人同樣的目標。因為巴黎第十大學素以法政聞名，是研究社會主義的重要學術機構，所以盧修一決定以這段被刻意遺忘的歷史當作博士研究的資料。

但當時他內心也不無矛盾。一方面，他很想針對台共問題做深入的研究探討，希望能把這段台灣歷史跟現代台灣人追求自由解放的運動做一結合；另一方面，又擔心這種觸犯政治禁忌的研究，會影響到他以後回台灣的工作和安全。

像一顆燦爛的星
內亮著華而的光芒
像一团錦雜的花
散放著芳美的茅香
像一串晶瑩的鈴
迴陽著鏗鏘的讚歌
　你的誕辰
是華而的讚歌
是晶瑩的星芒
是香美的茅芳　5

盧修一與陳郁秀結婚照。

盧修一與陳郁秀於法國巴黎公證
結婚，左為證婚人侯錦郎。

77

翁婿和解　博士研究台共理念

　　然而，他又深深覺得作為一個台灣人，為什麼不能面對台灣的歷史？為什麼不能夠以台灣人的觀點、台灣人的立場來詮釋自己的歷史？特別是日據時代的左翼運動，不僅當年遭受日本統治當局刻意的鎮壓；繼之而來的國民黨政府，對這段歷史更刻意封鎖、扭曲。如果一個知識份子不能勇敢對這段歷史從事客觀、公正的研究，那知識份子的尊嚴要往哪裡擺？經過一番內心的掙扎，他終於決定以〈台灣共產黨史〉作為博士論文的題目。

　　一九七三年，研究計畫經過指導教授季葉瑪（Jacques Guillermaz）同意後，盧修一就開始搜集資料，進行研究。

　　盧修一潛心研究、撰寫博士論文期間，陳郁秀一方面再進修合聲、對位、作曲和室內樂，一方面在波西音樂學院授課，有了穩定的收入，夫妻倆賃居在十六區的雨果大道一九八號、取名為「鈴蘭之家」的小屋，日子過得甜蜜而充實。

　　更令兩夫妻開心的是，陳家兩老，從一開始的不接受、不祝福，漸漸地，在陳慧坤到巴黎和盧修一實際的相見、相處之後，翁婿二人終於笑顏相對大和解，陳郁秀一顆煎熬的心，至此終於撥雲見日，真正舒展開來。

　　但小倆口的甜美小日子過久了總覺得有什麼缺憾。畢竟盧修一的革命理想只是一時被愛情轉移方向，一旦愛情生活確切掌握了，他還是會回歸到原來的航向。

　　就在盧修一修完博士課程、只要再花幾個月的時間專心把論文寫好就可以口試的時節，一九七五年的四月五日，傳來蔣介石逝世的大消息，眼看著風起雲湧，時代的巨輪不知將往何處轉進，台灣就要進入另一種新局面了……。在巴黎的盧修一哪還有心情寫論文，他對太太說：「我們回台灣吧！」

上：陳郁秀的父母當初反對女兒與盧修一結婚，最主要的原因是，不希望女兒嫁給學政治的，「太危險了。」陳慧坤在師大教學時，經歷過二二八事件，對政治都很害怕，聽到女婿盧修一學政治，頭都大了。

下：盧修一與陳郁秀常陪著陳慧坤在歐洲各地寫生。

教學方面,盧修一所教授的「西洋政治思想史」及「政治學」,都獲得學生高度的評價。他不像一般教授唸課本或寫板書,而是以流暢的口才論述甚至反問學生的方式,來建立學生的概念及啟發他們的思辯。以多年留歐的經歷,盧教授用國際的案例來分析學理及表達抽象的觀念;以有趣的比喻,來解構嚴肅的政治議題。

重返巴黎　考試完成博士論文

為了鼓勵學生多思考,盧修一在某些課程中採取學生專題報告及分組討論的方式來進行;他不在課堂上批評時政,但會鼓勵學生找出個人獨立的觀點;他雖然希望學生能看清現行政治的弊病,但絕不利用年輕人的純真來灌輸自己的思想,他唯一想做的,就是建立下一代正確的民主價值與風範。

除了教學用心,盧修一課餘和學生也打成一片,融入學生的學術研討及康樂活動,彷彿重回自己的大學時光;而對於夜間部行政管理系內的在職公務員學生,他則鼓勵他們積極參加公職考試,並運用學長帶領學弟、分工蒐集考古題的策略,成功地讓數十人高中國考榜單。

雖然學校的工作排得滿檔,不過盧修一仍記掛著博士論文未完成。為了教授升等之必要,一九七九年的九月,他向學校請假,暫別母親、太太和三歲的女兒佳慧、周歲的女兒佳君,一個人回到巴黎寫論文,同時和昔日戰友張維嘉經常相聚。

同年十二月,台灣高雄發生「美麗島事件」,盧修一在彼方得

為了完成博士論文，一九七八年盧修一再度前往法國巴黎撰寫論文，於巴黎第十大學校園留影。

左：這幀佳慧（左）與佳君於動
物園前嬉戲的照片，是盧修一在
巴黎撰寫博士論文時，掛在牆上
用來慰藉思女之情的良方。
右：盧修一博士論文指導教授季
葉瑪將軍，曾任法國駐中國大使
館武官。一九九一年八月盧修一
前往法國拜訪臥病中的巴黎大學
教授季葉瑪。

知後心急如焚，幾乎又要飛回台灣。陳郁秀力勸他把論文完成後再回來，也因「美麗島事件」被捕的人士中，都沒有發生被判「唯一死刑」的憾事，盧修一才勉強安住自己的身心。一年多之後，一九八〇年的十二月，盧修一終於通過論文考試，取得巴黎第十大學政治學博士學位。

從下定決心、擬定研究計劃、搜集資料進行研究，一直到撰寫論文、通過考試，盧修一的博士文憑〈日據時代台灣共產黨史〉前後經歷八年時間才到手，可說備嚐艱辛。

盧修一擔任文化大學政治系主任和畢業生合影。

整個過程當中，盧修一得到不少貴人的鼓勵和幫助。其中一位是王詩琅，他無保留地提供許多珍貴的資料給盧修一，並將當時他正在翻譯的《台灣警察沿革誌》的部分文稿，給盧修一影印做為參考之用。第二位是郭松根，他退休後在巴黎過著隱居的生活，因為精通英文、日文、法文，幫助盧修一翻譯重要的日文文件。還有戴國煇、史明、周天成等人，都在盧修一寫作論文期間給予協助。

嚴密監控　教授被捕家人驚恐

一九八〇年底，盧修一回到台北後，繼續在文化大學任教，仍然領受張其昀校長的厚愛，擔任日間部政治系及夜間部行政管理系兩個系的系主任。至此，工作真正穩定下來，一家人也重享團圓天倫之樂。隔年，兒子佳德來報到。四十歲的盧修一，人生到達前所未有的圓滿狀態，正是苦盡甘來、總算能過過順心如意的好日子了。

順利升等為正教授的盧修一，一貫的幽默瀟灑、浪漫熱情，他開授的課比以前更叫座了。但在台上口沫橫飛闡釋學理的盧教授，並不

如果一個知識份子不能勇敢地站出來，對這段歷史從事一個客觀的、公正的研究，那麼知識份子的尊嚴要往哪裡擺？經過一番內心的掙扎，盧修一終於決定以〈日據時代台灣共產黨史〉作為博士論文的題目。這個決定不僅符合盧修一的心情，也符合他的理念。

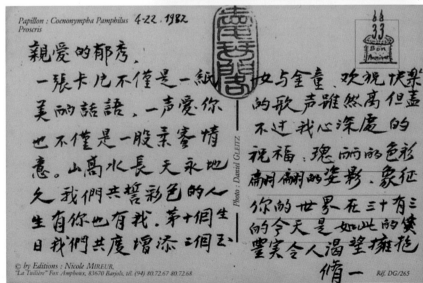

盧修一為結識十週年，親手書寫的卡片。

知道台下聞風而來旁聽的外系生中，已經混進了暗中對他進行嚴密調查和監控的特務人員，準備找出他的「犯罪」把柄。事實上，調查局老早就掌握了盧修一和史明的關係，一直都在搜集證據，等待時機一到，就要逮捕他入獄。

機會終於來了！一九八三年的元旦，日本人類學者前田光枝藉觀光名義來台，實則第四度與盧修一碰面，親自交給他史明對歐美台獨組織運作的最新訊息及「台灣民族民主革命同盟」組織章程。三日，前田光枝正打算搭機返東京時，就在候機室內遭到逮捕。而這張鋪天蓋地羅織入罪的大網，事實上也籠罩在盧修一的頭上了，只是史明來不及通知盧修一逃跑⋯⋯

一月八日清晨，天氣陰冷。盧修一騎著腳踏車，準備送二女兒佳君去幼稚園時，發現一路被人跟蹤。他覺得很不對勁，果然才回到家不久，馬上就有人按電鈴，陳郁秀一開門，門外衝進十來個彪形大漢，馬上押住盧修一，只叫陳郁秀幫盧修一準備內衣褲及睡衣，之後就要把他帶走。盧修一用最大的冷靜要求到後陽台和正在晾衣服的母親講幾句話，被押走前，只來得及回頭對驚嚇失措的陳郁秀交代一句話：「看清楚拘票，趕快找律師！」就被拉扯下樓了。

情治人員把拘票在陳郁秀眼前一晃，陳郁秀什麼也看不清楚，只記得了發出拘票的單位。就這樣，眼睜睜看著丈夫被強行帶走，留下一屋子被粗暴翻找、無禮搜索後的混亂，以及婆婆和孩子們的驚恐失措。

陳郁秀看這張照片：「阮的『阿君仔』喂⋯⋯」女兒佳君看這張照片：「我覺得很幸福。」

一九八三年正月，盧修一第一次拍全家福，左起次女
佳君、夫人陳郁秀、盧修一、長子佳德、長女佳慧。
數日後盧修一即被警備總部逮捕入獄。

加入民進黨
推動政黨外交

一九八三年，盧修一在文化大學政治系主任任內，遭警備總部羅織罪
名後拘捕。

次日，報紙以頭條新聞大幅報導，震驚全台灣。爾後，盧修一被裁定
拘禁在土城「仁愛教育實驗所」，接受三年的感化教育。

遭此巨變，盧修一心中憤憤不平，卻又擔憂家人安危，短短一個月內，
黑髮轉為白。鋼琴家妻子不斷設法營救，三年間風雨無阻扶老攜幼去
土城探監。三歲多的稚子，天真地問爸爸，為何都不到「我」家來玩。
懂事的兩個女兒則躲在棉被裡偷偷思念父親。

出獄後，盧修一尋求教職，卻四處碰壁。一九八八年元月，盧修一的
好友，全歐同鄉會會長何康美，自比利時返台。她推薦盧修一到民進
黨黨部工作。她認為盧修一既然回不去原來的學術界，還不如正大光
明地投向反對運動的陣營，去施展他的抱負。

加入民進黨，是盧修一生命裡重要的轉捩點！盧修一自此站上台灣民
主運動風起雲湧的浪頭，找到適合自己角色的舞台，也找到許多志同
道合的夥伴。

馬上選擇不和盧家接觸；但也有一些人堅持對陳郁秀伸出援手。人情的冷暖對照、家中一老三小的責任感驅使，讓原本六神無主的陳郁秀，很快就擦去眼淚，定下心神思考營救夫婿的辦法。

陳郁秀一直以來只有本份地練琴、教書、養育子女，除了音樂和教學之外，什麼都不懂。此時她的第一個動作，就是照著丈夫盧修一

盧修一被拘禁於土城仁教所時，三個孩子佳慧和佳君、佳德尚是稚齡。

被強行帶走前交代的：「趕快找律師。」律師建議她通知國際特赦組織。她馬上打電話給在法國的至交侯錦郎夫婦及盧修一的論文指導教授季葉瑪。侯錦郎立刻召集朋友組織救援團，和季葉瑪教授合作，聯絡國際特赦組織。國際特赦組織發出紅色的「緊急行動」展開救援，並且發電報給台灣警備總部總司令陳守山，要求尊重被羈押者的基本人權，防止刑求逼供。

通 知

中華民國72年1月10日

所告字第 號

68. 11. 20本

慮修一 君，因涉嫌 叛亂 案，業於 72 年 1 月 日移解台灣警備總司令部軍法處，正依法偵辦中。現羈押於本所，在押期間，**其人生活，已獲妥善照顧，可請放心**，知關錦注。特此奉告。

茲將有關事項通知如左：

一、本所地址：台北縣新店鎮民生路二號。

二、本所通信郵政信箱號碼：

　　②③① 台北新店郵政信箱八四○○附12之1號。

三、至本所交通路線：

　(一)從台北火車站重慶南路口搭乘欣欣客運第16路車至景美橋站下車，轉入復興路，步行十餘分鐘，即可抵本所。

　(二)自台北市小南門或羅斯福路，搭乘欣欣客運第60路車，直抵莊敬中學站下車。

　(三)台北市重慶南路搭乘開往新店線公路客車至江陵里站下車，自北新戲院直向景美橋走，過新橋下折入復興路，步行十餘分鐘亦可抵達本所。

　(四)從台北市開封街搭乘開往溪園之公路客車至莊敬中學站下車。

四、本所內之押人犯之膳食與官兵相同，不必寄交食物，每逢年過節，均特別加菜。本所並設有服務部，平價供應日常用品，如欲為在押人添送物品，可就近選購。

五、在押人犯理髮、洗澡、治病、閱覽圖書，均屬免費。

六、案件在偵查期間，未經提起公訴前，概不准接見。請勿枉駕，惟通信送物（易腐之物請勿寄送）規不受限制。

七、案件經起訴後，准許接見，接見時間，固定每週星期三上午八時卅分至十一時下午一時卅分至四時，可至本所申請接見。申請接見之人，應攜帶身分證，至本所填寫申請接見單。（不識字者，可由本所代為填寫）

八、本所設有軍醫院與病房，經常為病犯診療服務，若遇被告有重病時，由本所負責護送醫院急診，同時由本所通知 貴家長（眷屬）。

九、公正嚴明，毋枉毋縱，為本所偵察案件基本要求，**案件一到本部，一切秉公辦理，不須拜託活動**，希靜候依法處理。是以因案在押人犯之親友，切勿輕信奸人之言，妄求非法請託說項，以免遭受精神與財物之損失，甚或罪上加罪。倘若有人花言巧語，向亦遊說、勸誘、索取財物活動，希將他**扭送警察機關**。

十、若有其他疑問之處，可隨時與本所連繫。

此 致

貴家長（眷屬） 妻 郁秀

台灣警備總司令部
軍法處看守所 啟

接著，海外台灣人組織如紐約台灣人權協會總部、南加州人權協會及北美洲台灣人教授學會、國際人權會、日本「台灣政治犯救援會」等，也都自動加入聲援行動。

在比利時魯汶大學校長室校務研發部擔任研究員的何康美，得知消息後，立刻懇請校長馬索主教發電報給台灣駐比機構「孫逸仙文化中心」的蘇主任，希望能關照盧修一在拘留期間不受到虐待，並保證家屬的安全。

很快地，比利時同鄉會、法國同鄉會及全歐同鄉會都開始動員起來，一方面寫信給台灣政府和情治單位，一方面拜託擔任法國人權總會會長的密特朗總統夫人致函給蔣經國總統。

陳郁秀想到，台灣也有一個人權組織，於是她趕快去拜會中國人權組織負責人杭立武。她任教的師範大學，當時的校長郭為藩也很關心她，要她先安頓家裡，學校的事他會幫忙。陳郁秀又想盡各種辦法求見台灣的有力人士，包括副總統謝東閔、人權作家柏楊、團結自強協會秘書長沈君山等人。陳郁秀天天都在找人、見人，並依柏楊的建議不斷把消息透露給媒體，因為柏楊告訴她，只要有更多人關心盧修一的事，就能避免盧修一遭到不測。

終於，在沈君山協助之下，陳郁秀得知盧修一沒有生命危險；而就在盧修一被捕的一個月之後，陳郁秀總算收到通知，獲准她到景美看守所探視先生。

當陳郁秀扶著婆婆、攜著最小的孩子佳德前往看守所時，卻只能隔著鐵窗相望！她驚愕地見到，盧修一原本烏黑濃密的頭髮，竟然全都白了！夫妻倆一個月未見，卻彷如隔世，千言萬語也難以訴盡兩人的心情。盧修一僅能用一首詩傳達內心的百感交集：

隔窗相望語欲休，陰寒苦雨伴淚流；高堂嬌妻對稚子，黯然是我最心憂

敬啟者：

據報載，現任中國文化大學政治系主任盧修一博士，因涉及

日人前田光枝（一月三日被捕）案件，被情治單位於一月八日扣押在軍

法處看守所接受偵訊。

旅法同鄉閱訊後，至感震驚悲痛，咸認此事大違離奇，難以置

信。因為我們熟知盧修一為人誠篤可靠，品學兼優，不但愛鄉護

國素不後人，而且一向堅決反對中共慘台之陰謀。

以正義之詞，痛斥中共虐已份子之和台言論，絕對不可能成為「中

共滲透顛覆之潛狀人員」。加以他事母至孝，家庭生活美滿（妻陳

郁秀為留學國際之鋼琴家，且有三個可愛之幼兒），實在不會

與所謂「山口組」敗毒親中共組織有任何資質關係，做出確實違反

憲法之犯罪行為。

警於政府情治單位，自美麗島事件，林義雄命案屬滅門案、

陳文成教授約致慘死案及王迎先利來致死慘案後，在國際之形

象受損至鉅，引起了對美國僑的倒退。加以近來經濟蕭條，社會動盪、人心

不安，資金大量外流，對海外共諜大搞「統一陰謀」。在此時期，理應首應民

主、保障人權，加強與西致民主國家之關係，以期取得自主自衛所必需之

高級原料和精忠技術。若放棄不消情治人員，以羅織列舉手殺，再興大獄，

勢必引起法、德、英、比、荷等人權思想發達國家之公憤，降低關係，影

響政府之安全。

頃閱報載，貴所拿波法留學生，已榮政治學博士，現任台北文化
大學政治系主任盧修一先生，涉及前田案件，現為國內
情治單位拘押三星期逾查審不可。旅法吾校校友及盧君
昔聞事備，聞訊莫不驚愕萬分，深為關懷。

我們深知盧君，身負重任感，人之熱誠，勤的朋友，曾任中國同鄉
學潮京委，負責任務，宣揚中華文化協助旅外華僑舉辦各種
活動，推行國民外交事物，也有盧觀責，素為同人稱道。

家庭、回國任教，也有盧觀責，素為同人稱道。

起我們對盧君的瞭解，以他詞懇慧及為人很難相信他
會不願正三個可愛的幼兒，一個美滿的家庭，而從事親
痛仇快的叛亂事件。

我們相信盧君的家庭、涉及他人的家屬
希望有關單位，切實把握證據接調查盧君涉案的真相，早日
公佈，東公佈法之公理，公布的當理。

近年來，政府積極推行民主憲政，標準人權，海外同胞
莫不殷切，寄以厚望。貴忠為旅比愛國華僑學人信
心，可紧，希將本政府有關事情，吾等對盧君之誤識

此利時陳中山文化中心

舒   主任 鈞啟

中華民國七十二年二月十日

黄媛玲 郭常鄉
徐長石 安恩鴻
吳弘學 字應禮
蘇德榮 江泰柏
史佩秋 夏靜波
黄梅山 楊静枝
吳建仁 余永達
季天慈 蔡院明
錢憲忠 何康寿
讓龍田 郭凡如
芳書照 施嫚娟
光青惠先

臺灣警備總司令部公共關係室用箋

陳副教授郁秀女士：

一、奉交下72/1/21陳特委敬悉：繼協調有關軍位擬
告：盧修一先生因涉嫌叛亂案，現正依法
審慎偵辦中，將本本公正原則竟理，所後特予
會面乙節，依法得難照辦，惟對盧君之生
活、本部并有妥善照顧，尚祈寬心。

二、復陳查照。

台灣警備總司令部公共關係室

盧徐室字第　號

中華民國七拾貳年　月　肆日

電話：三一一五四○號
地址：台北市博愛路一七二之二號

台灣警備總司令部通知書，盧修一涉嫌「叛亂」案。

發文單位	點要文行	受文者	台灣警備總司令部軍法處 簡便行文表
台灣警備總司令部軍法處〔印章〕	盧修一叛亂嫌疑乙案，現正依法偵辦中，因具有刑事訴訟法第一百零一條、第七十六條第三、四款之情形，經依軍事審判法第一百十五條準用之規定予以羈押，所請停止羈押乙節，依法礙難照准，復請查照。	陳郁秀女士	分行單位 正本 副本 附件 日期 中華民國柒拾貳年貳月拾柒日 字號 (72)陣平字第〇六九〇號

號卷　　　　年　　　存保件本

台灣警備總司令部軍法處羈押通知書，盧修一涉嫌「叛亂」案。

左：盧修一於土
城仁教所學員證，
他被編入研究班，
編號為1A001。
右：台灣仁愛教
育實驗所的私有
物品外出證。

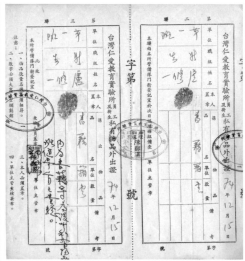

移送土城　仁愛教育極為諷刺

　　接下來兩個月，盧修一都被羈押在景美看守所等待宣判，陳郁秀每週都去看他，旁邊一定有人在監管，兩人只能話話家常，陳郁秀帶去的東西，都只能交給所方，不能直接給盧修一吃。

　　等待宣判的日子十分難熬。幸而彼時一波波來自國際的關注和呼籲，以及島內方興未艾的反國民黨情緒，讓政府備感壓力，對「前田光枝案」不敢亂判。而看守所內的盧修一，也盡全力不讓自己崩潰，在面對軟硬兼施、疲勞轟炸式的審問和逼供時，無論如何都不肯承認自己是中共特務，力抗調查局的誣陷。

　　警備總部在拘捕了盧修一一個多月後的二月廿四日，宣布偵查終結，以「坦承供述、深表悔悟、情節尚屬可逭」的裁定，依法聲請交付感化。一九八三年三月十八日，盧修一被移送土城看守所的「仁愛教育實驗所」，交付感化三年。這年他四十二歲，在仁教所的編號是1A001。

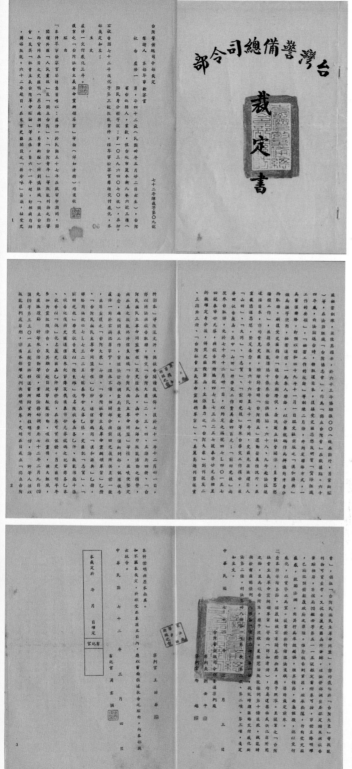

盧修一因前田光枝案被警備總部
羅織罪名，裁定感化教育三年，
圖為警總裁定書。

　　盧修一猶記自己曾在一九七七年時寫過一篇文稿〈我回國服務的經過和感想〉，自述他從大學時代起即已培養出強烈的民主信念、醉心歐美公平競爭的民主政治，加上留學時期的見證和體驗，促使他決定一旦學成，一定要把所學所見用在他最摯愛的故鄉──台灣之上。「惟有在屬於自己的土地上，我們才會真正的付出自己的愛心和關心；也惟有在屬於自己的土地上，我們才能分享到別人的愛心和關心。」他這樣寫著。

　　誰想得到，當他學成帶著滿腔的熱情回到自己的土地上時，國民黨政府竟是用這樣的「仁愛」來「教育」他。

天生反骨　但在獄中廣結善緣

　　土城看守所內的「仁愛教育實驗所」，簡稱「仁教所」，是專門囚禁政治犯的黑牢，以「仁愛」之美名，行法西斯思想灌輸之實。在這裡接受「感化」的，雖然都是依同樣的「動員戡亂時期懲治叛亂條例」審判而來的政治犯，但其中包括了台獨份子、匪諜、統派等異議人士，各路人馬加起來足以畫成一個政治光譜。美麗島事件中的受刑人呂秀蓮、陳菊，當時正好也在這裡「進修」。

　　每位來到這裡「學習」的受刑人，依照其教育程度被分為四級，分班上課。盧修一因具博士學位及教授身份，被單獨編在「研究組」。每天他都要和所有受刑人過著千篇一律的生活，五點起床、早點名、升旗、唱國歌……從八點到下午六點，上足八堂課，主要是思想教育，也附帶排了一些工藝、體育課，以及週會、訓導等活動。

　　以盧修一天生反骨、熱愛自由的個性，照理說，被強制約束在這樣的環境、作息裡，應該很快就發生扞格不順的衝

美麗島事件受刑人呂秀蓮與陳菊，當時都與盧修一在土城仁教所進修。
圖片提供／范巽綠

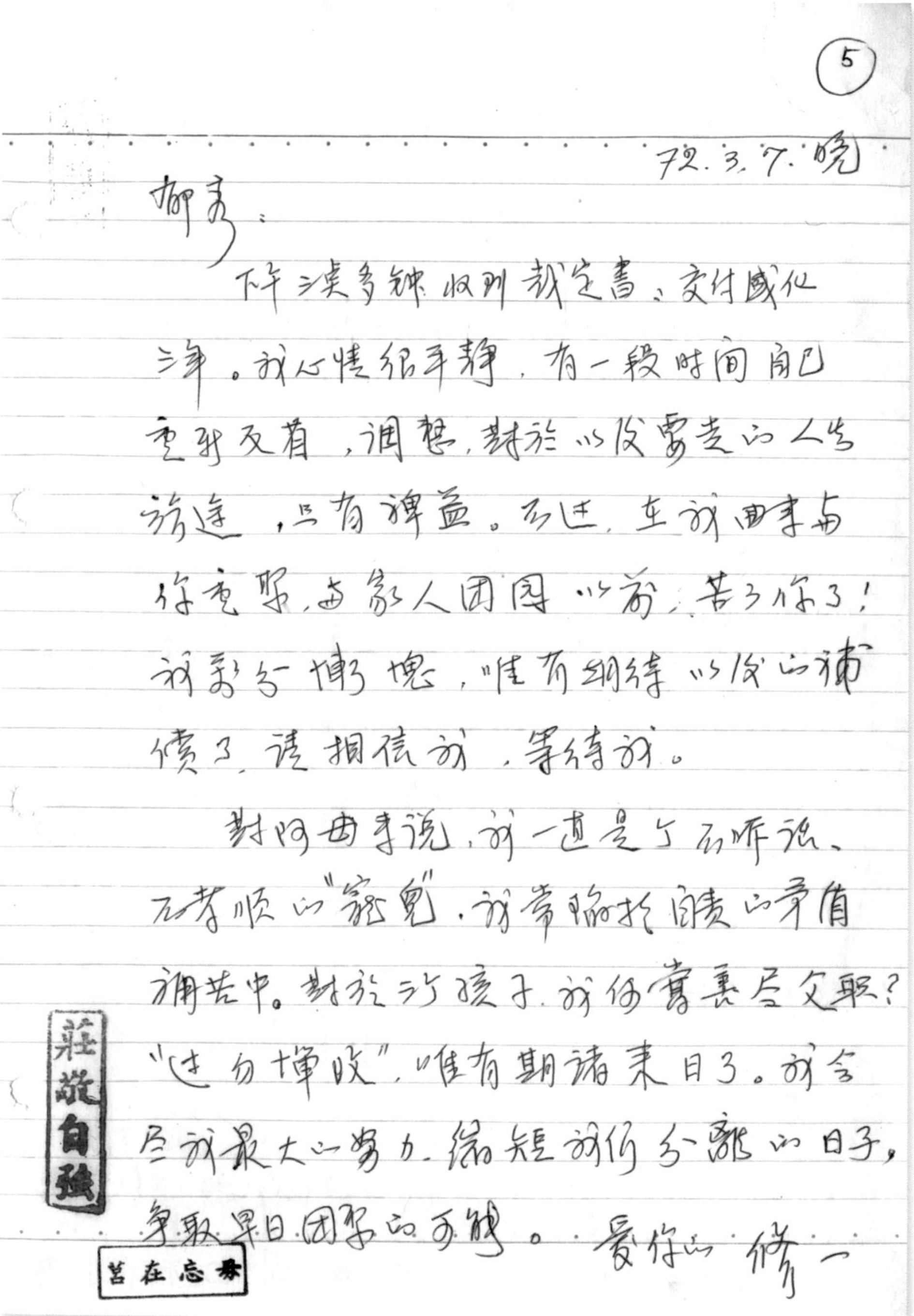

⑤

72. 3. 7. 晚

柳青：

下午三點多鐘收到裁定書，交付感化
三年。我心情很平靜，有一段時間自己
意志又有，迴想，對於以後需走的人生
路途，只有裨益。不過，在我出事與
你意歡，與家人團圓以前，苦了你了！
我深感愧疚，唯有期待以後的補
償了，請相信我，等待我。

對阿曲來說，我一直是個不怎
不孝順的「逆兒」。我常臨於情的矛盾
煎苦中。對於這孩子，我何嘗盡父職？
"過分悼歉"，唯有期諸來日了。我會
盡我最大的努力，縮短我們分離的日子，
爭取早日團聚的可能。愛你的 修一

莊敬自強

毋在忘春

盧修一給夫人郁秀的「獄中家書」中，抒發自己對「政治受難」的態度。

99

突；但出人意表地，他各方面居然都能合乎所方的要求，而且和長官、訓導及政治立場不同的受刑人，都處得很好。甚至有些「同學」，後來都成為他一生的朋友。

從意興風發的大學系主任淪為階下囚，在跌宕的際遇裡，盧修一之所以有心平氣和的定力，除了來自他深沉的處世智慧，最重要，還有他和太太之間相互的鼓勵與鄭重的約定。

感訓心得　寫成了獄中沉思錄

宣判之後，有一次陳郁秀到看守所探視盧修一時，他很凝重地告訴她，出獄之後，他還是會搞政治，而她才三十三歲，有很好的工作，要不要考慮和他離婚？陳郁秀想都沒想過這樣的問題。當下很清楚地告訴他：「我不會離婚。一個丈夫夠多了。」

這個答案讓盧修一如釋重負。他對陳郁秀說：「如果不好好過日子，我們兩個都會痛不欲生。所以我們要盡量讓生活正常。你在外面教書、照顧孩子；我在裡面讀書、練毛筆字、鍛鍊身體，彼此加油打氣，都要好好活著！只要平安、各自安份過生活，我們就贏了！」

從小到大，盧修一體會過各種忍耐的滋味。來到仁教所，他更把「忍耐」當作一種學習。而這段學習的過程，更是超乎常情的忍耐。他忍耐著去讀一大堆刻板教條的指定專書；忍耐著以國民黨的思維模式參加每個月兩次的小組討論；忍耐仁教所內龍蛇雜處的成員、所內各種欺凌爭鬧的躁動氛圍……。別人視為苦差事的勞動服務，他則視為健身之道。他說：「我的祖先未曾留下農田讓我耕作，現在有這個機會，是上蒼賜給我的特別恩寵，讓我能親近土地，珍惜茁壯成長的生命，親吻我的母親──土地。」

對於所方規定的、每日都要紀錄的「感訓心得」，盧修一就以感性的文采寫一些生活中的體悟來交差，三年下來，竟也成就一本完整的生活紀錄──《獄中沉思錄》。

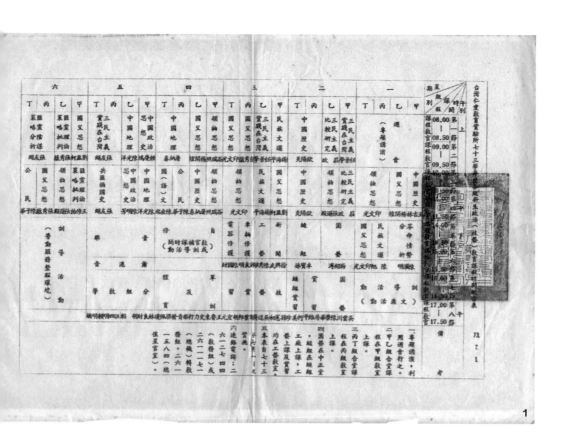

1：盧修一在土城仁教所的「新生政治教育課程」，都在上一些中國歷史、中國地理、三民主義與國父思想等課程。

2：一九八四年台灣人權促進會成立時，製作的「釋放所有政治犯」人權海報，盧修一在海報下右下角與陳菊並列。

3：盧修一於仁教所三年感化教育期間的感訓心得，於一九八九年整理出版成為《獄中沉思錄》。

郁秀愛妻：

新學年開始後，孩子們各升班上學，希望你的負擔會減輕些。看著他們一天天長大懂事，止不住心裡的高興，而這得歸功於你的悉心意願，不是嗎？

禮拜天阿紘記得意的告訴我說他要中班了。阿慈阿君也分別升上四年級、二年級。

他們常說到我快要回家的事，阿君還愛見我回來了。可想而知，「爸爸回家」一定是最近的話懸。我確些不是像有些同學一樣每天計算剩好的日子，但是大約還有多久的把合也是有的。事情過去了，時間過去了，卻見得是很快的，慢的、難的……這覺得是未來的。勇氣不得是拿承面對料現前的，更見用來面對許歲的。這是人生的一種體驗，書單我為低同時附上。最後祝你

演奏成功

代向爸媽問候

修一視之上
九月三日

盧修一在獄中書寫想念家人，
預祝郁秀愛妻演奏成功。

牢獄之災更見證了盧修一與陳郁秀的堅貞感情。

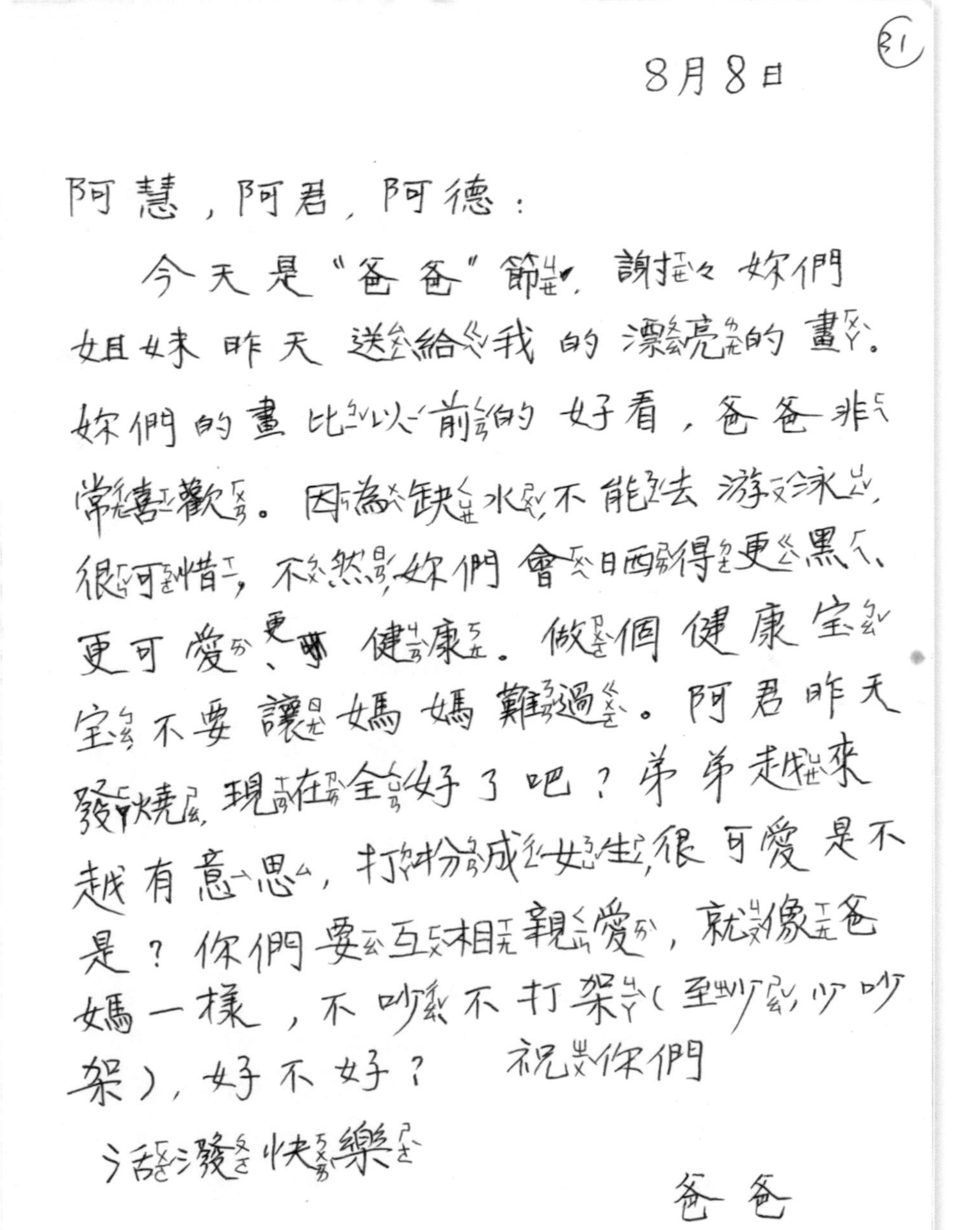

8月8日

㉑

阿慧，阿君，阿德：

　　今天是"爸爸"節，謝謝妳們姐妹昨天送給我的漂亮的畫。妳們的畫比以前的好看，爸爸非常喜歡。因為缺水不能去游泳，很可惜，不然妳們會曬得更黑，更可愛、更健康。做個健康寶寶不要讓媽媽難過。阿君昨天發燒，現在全好了吧？弟弟走越來越有意思，打斜分成女生，很可愛是不是？你們要互相親愛，就像爸媽一樣，不吵不打架（至少少吵架），好不好？　祝你們

　　生日發快樂

爸爸

爸爸節時，盧修一在獄中給寶貝孩子長女佳慧、次女佳君、長子佳德的信，特別用注音符號書寫。

台灣仁愛教育實驗所
新生結訓證明書。

出獄自由　竟然不敵失業摧殘

　　盧修一的擔憂不幸成為事實。雖然結訓證明書上載明著要恢復他
「國民應盡義務及應享權利與正當職業」，三年監禁的苦悶生涯，也
沒有磨滅盧修一報效社稷的雄心理想；但當他開始投石問路，想重返
杏壇教書時，卻一再遭受挫折。

　　後來他雖然接獲政治大學國際關係研究中心的聘書，不用去上班，
只要每月提交一篇論文，就有月薪三萬；但他覺得那是國民黨用來監
控他、用以墮落他心志的圈套，所以做了六個月就不幹了。

　　身體雖然自由了，盧修一的精神卻陷入水深火熱的煉獄。一再被
學校拒絕的打擊，徹底擊垮了一向樂天、充滿自信的他。他空有亮眼
的學經歷和一身紮實的教學能力，卻完全不受肯定。

　　賦閒在家的日子，盧修一開始變得暴躁易怒，經常為了一點點生
活中的小事大發脾氣，不是罵小孩、就是夫妻嚴重爭執，甚至出現半
夜醒來突然外出到北宜公路飆車的失常行徑。

上：一九八六年盧修一初出獄的全家福。左起次女佳君、夫人陳郁秀、
長子佳德、盧修一、長女佳慧，一家人相親相愛，和樂融融。

下：盧修一和夫人陳郁秀、寶貝女兒佳慧、佳君。

　　盧修一待業在家的那段日子，是他和陳郁秀婚姻關係最危險的時期，也是他們兩人內心最痛苦的一段日子，甚至比盧修一坐牢的那三年還更難捱。因為坐牢有結束的一天，但盧修一失志喪氣的日子，不知道要熬多長？

　　盧修一的好友王世榕不忍看到他的抑鬱寡歡，透過沈君山的協助，介紹盧修一到清華大學擔任兼任教授，講授「中華民國憲法」。雖然這只是一週兩小時的冷僻科目，還得從台北驅車到新竹任教，但盧修一仍然興致勃勃，認真備課、熱切講解，獲得學生廣大的迴響。

鬱悶難解　不如投身反對陣營

　　但盧修一還有大片的時間和體力沒有發揮的餘地。期間他應政大國關中心之規定，曾交出一篇精采的論文〈法國第五共和下的左派〉，文中論述法國政黨因兩極建立下、左派與第五共和整合成功，促成了法國民主體制更趨健全；台灣新興政黨如民進黨、工黨已陸續崛起，台灣政府也應從速制訂政黨法，讓各政黨在良性競爭中發展，步上民主化的正規。

　　只是，透過非公開發表的論文抒發己見，並沒有帶來真正的成就感，盧修一內心的「鬱卒」猶如悶燒的鍋爐，不知何時會炸開來。陳郁秀完全看在眼裡，她為了讓盧修一和外界保持聯繫，暗中拜託盧修一的好朋友們輪流邀請他出去吃飯、聊天；也拜託熟識的媒體記者、主編，遇有國際政治相關的主題，不妨向盧修一邀稿。太太巧心的安排，果然釋放不少盧修一內在的鬱悶。

　　一九八七年七月，國民黨政府無視於才剛成立不到一年的反對黨（民進黨）強力的抗爭，硬是在立法院強行三讀通過「國家安全法」。蔣經國政府宣布於七月十五日起解除戒嚴令。解嚴後，整個台灣社會的示威、遊行、請願等政治、社會運動大幅增加。

一九八六年，盧修一結束三年牢獄，踏出土城「仁愛教育試驗所」，卻還要面臨近兩年的失業。一九八七年才又在清華大學重拾教鞭。

　　盧修一帶著躍躍欲試的心情，前往位在台北市建國北路上的民進黨中央黨部和黃爾璇見面，兩人相談甚歡。幾天之後，黨主席姚嘉文更親自到盧家拜訪，表示極力歡迎之意。一九八八年的二月一日，盧修一宣誓加入民進黨，並擔任中央黨部政策研究中心專任研究員的工作。

　　當時盧修一與傅正教授共用一個小型辦公室，文宣部主任李逸洋與組織部主任黃華的辦公室就在隔壁。盧修一和黃華、李逸洋被稱為「中央黨部三劍客」。

　　傅正於一九六〇年與雷震想結合台灣本土政治菁英共同籌組反對黨，而被國民黨構陷入罪並逮捕入獄。傅正被判接受「感化教育」六年三個月。出獄後，傅正一直投身教育，直到黨外人士要籌組反對黨，他又積極加入建黨行列，成為民進黨建黨十人小組的成員之一。不過，傅正專心教職，只有開會才到中央黨部來。

　　黃華於一九七六年因擔任《台灣政論》副總編輯遭到「叛亂罪」判刑十二年，才於一九八七年六月被釋放。李逸洋因擔任《蓬萊島》雜誌總編輯，於一九八六年因《蓬萊島》案入獄（該雜誌報導馮滬祥教授以翻譯代替著作，而被馮滬祥提告誹謗，並遭判刑確定，與社長陳水扁、發行人黃天福同案入獄）。他們四個人都是政治犯，在民進黨中央黨部共事時，更能惺惺相惜。

一九八八年二月一日，盧修一加入民進黨，於中央黨部任職，先後出任政策會研究員和外交部主任。
攝影／邱萬興

上：一九八八年，盧修一擔任民進黨外交部主任出版的「DPP」英文簡介及負責出版「第十五屆世
台會年會簡介」。攝影／邱萬興

下：盧修一於一九八八年四月，出任民進黨中央黨部外交部主任，陳郁秀帶女兒佳慧、佳君來民進
黨中央黨部參觀，他們背後的牆面上掛著當時不到三十位的黨工同志名牌。攝影／邱萬興

左：盧修一穿著一件寫有「所有被壓
迫的人得以解放」的背心。
攝影／邱萬興

右：一九八八年四月十一日，盧修一、
顏錦福、李勝雄、林正杰、洪貴參、
張國龍、陳菊等人，在立法院群賢樓
前，為政治犯復權請願，要求釋放政
治犯。攝影／邱萬興

　　不久，黨主席姚嘉文有感於政黨外交及爭取國際認同的重要性，特別在黨內正式成立外交部。一九八八年四月，姚嘉文聘請留學歐洲多年、視野宏觀的盧修一接掌外交部主任。

　　一九八八年六月，盧修一開始啟動政黨外交功能，赴菲律賓參加「新興民主國家會議」，廣結善緣。歸來不久，適逢世界台灣同鄉會首次要在台灣本土舉行第十五屆大會，在台北縣新店市的燕子湖畔召開大會，盧修一被委任擔當大會的活動總幹事，統籌這場眾所矚目的盛會。他眼看著昔日被國民黨列入「黑名單」的海外台灣人，如鮭魚般逆流，突破層層封鎖回到久別的故土，他的內心受到很大的振奮，相信台灣即將走向一個嶄新的時代了！

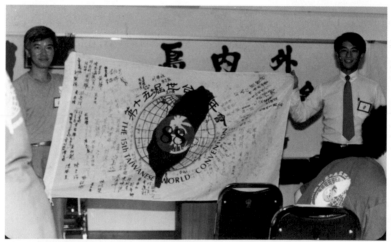

上：一九八八年世界台灣同鄉會第十五屆年會在台北縣舉行，盧修一與世台會秘書長羅益世舉起世台會會旗，歡迎海外鄉親回台。

下：盧修一與海外鄉親舉著「為返鄉而死」的陳翠玉海報，聲援海外台灣人返鄉運動。攝影／邱萬興

上：一九八八年六月，右起盧修一與民進黨主席姚嘉文、國大代表洪奇昌、民進黨副祕書長邱義仁，
赴菲律賓馬尼拉參加「新興民主國家會議」。
下：盧修一（右三）在總統府前遊行，為返鄉而死的台灣女英雄──陳翠玉舉辦告別式。
攝影／邱萬興

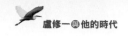

上：為了抗議國民黨黑名單政策，盧修一在中正紀念堂前舉辦聲援
海外台灣人返鄉運動大遊行。攝影／邱萬興
下：離別是再見的開始，聲援海外黑名單人士，由左至右為：政治
犯楊金海、人權醫師田朝明、田朝明之妻田孟淑（田媽媽）、北美
洲教授協會黃昭淵教授、羅福全教授之妻毛清芬、人權工作者陳菊、
盧修一。攝影／邱萬興

一九八八年八月二十一日，民進黨在台北市舉辦「台灣人有權回自己的家」大遊行，聲援世台會返鄉。
攝影／余岳叔

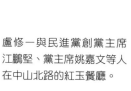

盧修一與民進黨創黨主席
江鵬堅、黨主席姚嘉文等人
在中山北路的紅玉餐廳。

政黨外交　極力爭取國際認同

　　一九八八年九月，盧修一陪同民進黨主席姚嘉文，率團參加在義
大利召開的「國際自由聯盟」年會，訪問歐洲七國十二個政黨，遞送
出英文、法文、義大利文三種版本的民進黨黨綱及「四一七決議文」。
由於盧修一對歐陸政情充分了解，邊遞送資料邊侃侃而談，所以和對
方達成極好的交流，受訪政黨無不對台灣民進黨主張的「台灣前途人
民自決權利」理念，表示支持，並對民進黨未來的發展表示樂觀。

　　一九八九年三月，盧修一應邀出席美國「亞洲學會」第四十一屆
年會，在會中發表〈反對黨與台灣的政治變遷〉論文，暢述反對運動
與台灣民主發展的關係；同時他亦訪問美國學界與政界人士，說明台
灣當時的政情。

　　盧修一在民進黨外交部首位主任的任內，馬不停蹄、南北奔波，
無論是公開的演講、座談甚至小型的講習班，他都充分運用他的學養
與辯才，勇敢地批判國民黨政權，並且有系統地宣導台灣人民追求民
主、自由、獨立的政治理想。一年多的外交部主任任期內，他交出一
張成果豐實的閃亮成績單！

　　加入民進黨，是盧修一生命裡重要的轉捩點！是他從谷底翻轉上
來的珍貴機遇！這是時勢之所趨，也是個人歷經生命波折之後的最佳
抉擇。盧修一自此站上台灣民主運動風起雲湧的浪頭，找到適合自己
角色的舞台，也找到許多志同道合的夥伴。他因此重獲新生，恢復本
來的幽默、熱情及衝勁。他的太太陳郁秀更滿心歡喜地說：「溫柔、
有智慧的盧修一總算回來了！」

上：一九八八年九月民進黨訪問歐洲團，右起盧修一、翁金珠、周清玉、謝長廷、姚嘉文主席、
　　鄭寶清、周平德等人。

下：民進黨訪問歐洲團，左起盧修一、尤清、姚嘉文、周清玉、謝長廷等人。

1：一九八八年九月民進黨訪問歐洲團,拜會歐洲台灣同鄉會。盧修一(左一)於歡迎會上致詞。

2：一九八九年盧修一與前主席姚嘉文前往美國拜會彭明敏教授。

3：一九八九年盧修一與前主席姚嘉文赴美巡迴演講「台灣前途」座談會。

一九八八年民進黨訪問歐洲，參與「國際自由聯盟」年會，擔任民進黨外交事務部主任盧修一，以優異的外語能力翻譯民進黨黨章為各國語言，向國外人士傳達民進黨理念。盧修一與民進黨主席姚嘉文、立法委員尤清攝於義大利。

爭取言論自由
新國家建築師

盧修一意識到，國民黨手中還握有很多惡法，能讓抗爭者被捕判刑，
這些惡法不但在民主的進程中製造很多絆腳石，甚至形成嚴重的路障。
鄭南榕和詹益樺的死，帶給民主運動的人士莫大的驚愕和悲憤；盧修
一受到的內在衝擊更巨大！他開始思考，還有什麼更積極有效的方法，
來達成改革的目標呢？

一九八九年，首次參選的盧修一，以「巴黎政治博士」的專業，自許
為「新國家的建築師」。

八月起，盧修一辭去民進黨外交部主任之職，開始深入台北縣各鄉鎮
密集演講。

盧修一與台大教授李鴻禧共同主持「台灣新憲法」
問題座談會。攝影 / 邱萬興

即使聽演講的人數再少，盧修一同樣賣
力演講。他深深覺得自己像一位傳道人，
在宣揚民主政治的理想；也像一位建築
師，在勾勒台灣美好未來的藍圖。

一九八九年的選戰開票，盧修一以 9 萬
4543 票的台北縣選區第一高票，當選中
華民國第一屆立法委員！這個結果出乎
所有人的意料，包括盧修一本人！

盧修一在美國參加「台灣通向民主之路——批判性的評估」研討會，發表一篇論文，主要的內容是：「台灣人透過台灣這個島國的發展而發展出認同台灣為其祖國的意識。這種認同轉變成對抗統治台灣的任何外力之政治訴求。近幾年來，民主化藉著反對運動而發跡，統治當局也被迫改變其政治策略。」根據台灣民意調查顯示，贊成台灣獨立的比例越來越高，甚至超過主張統一的，就是最好的證明。

上：一九八九年三月十一日，盧修一於美國首府華盛頓國會山莊前留影。
下：一九八九年三月十七至十九日，「亞洲學會」第四十一屆年會假美國華盛頓舉行。民進黨外
交部主任盧修一代表民進黨與會。

上：一九八九年二月二十八日，
盧修一在基隆市街頭，參加「紀
念二二八事件 42 週年」大遊行。
下：一九八九年盧修一與黨主席
黃信介、秘書長張俊宏於台北街
頭分發「解散萬年國會」傳單。
攝影／邱萬興

一九八九年民進黨中央黨部舉辦「紀念二二八
事件 42 週年」大遊行，在基隆市街頭遊行，
盧修一舉著訴求「鮮血不能白流，冤魂必須
昭雪」海報，追悼二二八事件中犧牲的英魂。
攝影／邱萬興

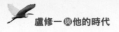

持續談話　阻擋不了自焚決心

　　盧修一和鄭南榕的談話持續到四月六日凌晨二時許,說來那是兩人在世間最後的一段談話了。四月七日清晨,台北市中山分局刑事組長侯友宜率領霹靂小組,突破重重阻礙衝進自由時代雜誌社準備破門而入,強行拘捕鄭南榕時,鄭南榕果然在總編輯室點燃三桶汽油,以身殉道。

　　熊熊的烈火迅速燒焦了鄭南榕的身軀、炙痛了守候在雜誌社門外眾人的心。待火勢被撲滅後,葉菊蘭、林宗正牧師、顏錦福等人進入雜誌社,為鄭南榕遺體覆蓋新國家旗幟,盧修一、顏錦福及幾位民進黨同志們,強忍哀慟從自由時代雜誌社的總編輯室,把鄭南榕的遺體抬出來。對盧修一與很多人來說,鄭南榕就像一位親切的兄弟與戰友,他的軀體永遠離去了,烈士的生命卻是永遠焚而不熄的。

　　民進黨決定以「台灣建國烈士」定位鄭南榕,且為了呼應鄭南榕曾在一九八六年五月十九日推動過的「五一九綠色行動」,而訂定一九八九年的五月十九日為鄭南榕的出殯告別式。盧修一忍著悲傷,在鄭南榕告別式前,去士林廢河道上所搭建大靈堂內為鄭南榕守靈。民進黨中央黨部並策畫了「走向總統府——完成鄭南榕生前遺願」行動,發動群眾走上街頭遊行,經過總統府前舉行追思禮拜。

　　當天上午,海外黑名單人士陳婉真,突破國民黨對黑名單人士的封鎖,意外地現身在鄭南榕的告別式上。她前往瞻仰鄭南榕遺容,並加入出殯隊伍向鄭南榕致敬,數以萬計的民眾從士林廢河道的告別式場走向總統府。

519 鄭南榕向人民告別傳單。傳單設計 / 邱萬興

上：一九八九年四月七日清晨，台北市中山
分局刑事組長侯友宜率領霹靂小組，衝進自
由時代雜誌社強行要拘捕鄭南榕，霹靂小組
後面就是侯友宜。攝影／邱萬興

下：盧修一、顏錦福等人，在自由時代雜誌
社內將自焚而亡的鄭南榕遺體抬出。

1：盧修一在鄭南榕追思會上表達對鄭南榕的無限敬意。攝影／邱萬興

2：盧修一在家裡客廳貼著紀念台灣建國烈士鄭南榕海報。

3：盧修一與鄭南榕的女兒竹梅。
攝影／邱萬興

4：盧修一為了紀念鄭南榕主張百分之百言論自由而書之。這四句是由反對運動歌手邱晨與邱垂貞共同追思鄭南榕精神，所寫的紀念歌詞。

死,是更大意義的開始。鄭南榕說:「我死了,不會只是犧牲,後面的影響、意義會非常重大。」
這是一九八九年四月六日凌晨,盧修一與鄭南榕最後的談話。攝影 / 邱萬興

1：一九八九年五月十九日，為了紀念「台灣建國烈士鄭南榕」
出殯，在士林廢河道會場舉行告別式。攝影／邱萬興

2：盧修一為台灣建國烈士鄭南榕告別式守靈。攝影／邱萬興

3：鄭南榕生前很明確地告訴葉菊蘭：「我沒有那麼簡單就
被抓走！沒有那麼便宜的事，國民黨一定要付出代價，我不
會讓國民黨一點損失都沒有，就把我抓走，我要為台灣而
死。」

一九八九年五月十九日，盧修一在士林廢河道
會場送別台灣魂鄭南榕。攝影／邱萬興

一九八九年九月二十六日,三十四個以「台灣」為名而無法獲得成立的社運團體代表,以戴口罩、捆綁雙手方式,關在巨大牢籠裡。盧修一參加在台北市羅斯福路內政部舉行的「反人團惡法」大遊行。攝影 / 邱萬興

1：來自全台聲援許信良的上萬群眾，擠滿了台北縣土城街道。攝影 / 邱萬興

2：一九八九年坐漁船偷渡回台的前桃園縣長許信良，遭逮捕收押在土城看守所。攝影 / 邱萬興

3：許信良是盧修一在政治大學的同班同學，他參加民主進步黨發起的「迎接許信良回家」土城探監活動。攝影 / 邱萬興

決定參選　離選舉日只有半年

一九八九年年底，台灣解嚴之後首次的「三合一」大選就要舉行。針對這個包括縣市長、立法委員及省市議員三項公職的大選，民進黨卯足全力佈署，務求出奇制勝，邁向中央執政。此時民進黨秘書長張俊宏，提出「到執政之路──地方包圍中央」的競選策略，希望能在這次地方縣市長選舉中獲勝，累積執政經驗和實力，邁向中央執政。

當時民進黨文宣部主任李逸洋與外交部主任盧修一都加入新潮流系，民進黨副秘書長邱義仁推崇盧修一的學歷、能力及在地人的優勢，力薦盧修一代表民進黨參選台北縣立法委員。

新潮流系的台北縣國大代表洪奇昌，那時在台北縣的經營已有基礎了，得知邱義仁的推薦之後，決定轉戰台南市選立法委員，而將台北縣三重、雙和服務處，讓給剛加入新潮流的盧修一去經營、服務基層。其實，民進黨決定推盧修一出來競選時，距離選舉日只有半年多的時間。盧修一又是新人，哪來的經費和選民基礎？陳郁秀是在盧修一和黨部都談定了之後才被告知的，她只覺眼前一片茫然，心情七上八下。盧修一要太太不要擔心，好好地教書，必要關頭再請她出來幫忙一下就好。

一九八九年洪奇昌轉戰台南市立委，盧修一與周慧瑛
聯合競選台北縣立委與省議員。攝影／周嘉華

盧修一
法國巴黎大學政治學博士
前中國文化大學政治系主任
國立清華大學兼任副教授
民主進步黨外交部主任
台北縣立委候選人

期許自己 做新國家的建築師

一九八九年七月一日開始，新潮流的大將袁嬿嬿進駐板橋競選總部，負責整個選戰操盤，蕭貫譽擔任競選總幹事。盧修一在淡水祖師廟誓師，以他的家鄉邁開選戰的第一步。他與競選台灣省議員的周慧瑛並肩打這場選戰。周慧瑛的丈夫蔡有全因主張「台灣獨立」，被處以十一年徒刑。

第一波文宣，以「大學教授」——坐台獨監牢的政治博士盧修一，和「台灣女子」——蔡有全的牽手周慧瑛，為台灣奉獻所有，形成兩個受難者聯線共同出擊。在政見上，盧修一則以「巴黎政治博士」的專業，自許為「新國家的建築師」，針對「新國家」、「新憲法」、「新政府」、「新人民」、「新社會」及「新文化」，提出六大政治主張，強調自己雖是受難者，同時也是強者的化身。

台北縣立委選戰應選十一席，國民黨提名六人，報准五人，民進黨提名六人，十七位候選人要搶十一席立委。這對新人盧修一來說，是一場頗為艱困的立委選戰。八月起，盧修一辭去民進黨外交部主任之職，開始深入台北縣各鄉鎮密集演講、發散傳單、掃街拜票、和選民握手搏感情。

有時偏遠地區的演講場民眾很少，但盧修一同樣賣力演說。在他心目中，這不只是在拜票，更像一位傳道人在傳揚民主政治的理想、一位建築師在勾勒台灣美好未來的藍圖，每一次的演講都像在播種，都在預約日後美好的收成。

新國家的建築師

巴黎政治博士

● 1941年生，台北縣三芝鄉人
● 法國巴黎大學政治學博士
● 前中國文化大學政治系主任
● (政治受難者)1983～1986年感化三年
● 民進黨外交部主任

台北縣立法委員候選人

盧修一

聯合服務處：■板橋市民生路二段161巷７號　■中和市中和路250號　■三重市中正北路38號
　　　　　　　電話：9534313　　　　　　　電話：2407718　　　　　　電話：9846891

一九八九年盧修一競選台北縣立委海報「新國家的建築師」。設計／邱萬興

153

一九八九年盧修一代表民進黨參加台北縣第一屆增額立法委員選舉，攝於三芝北新庄老家古厝前。攝影 / 邱萬興

1：淡水渡船頭是盧修一小時候最喜歡來玩耍的地方。攝影／邱萬興

2：三芝北新庄位於大屯山麓，海拔約 300-500 公尺，依山面海，青山白雲，風景非常美麗。攝影／邱萬興

3：盧修一在三芝北新庄的老家前拜訪親戚長輩。
攝影／邱萬興

4：盧修一攝於三芝北新庄的雜貨店前。攝影／邱萬興

5：盧修一攝於父親盧振榮墓前，他告訴父親：「您的兒子，要參選國會議員。」
攝影／邱萬興

盧修一對政治熱愛且敏銳,他對生命與土地更是忠誠,而致力推動台
灣本土文化,則是他從政的理想。攝影／邱萬興

　　當然，盧修一的熱情和理想也要構築在現實的土地上。除了爭選票，也要募鈔票。他以清新的學者形象，很快就爭取到知識階層的認同，開始有支持者為他出錢出力；在私人募款方面，他就必須拜託太太出馬了。第一筆大額捐款，來自於岳父大人捐出一幅油畫作品，在三重市的第一場募款餐會上義賣所得，為盧修一注入一針強心劑；接下來，陳郁秀也只能放下「陳老師」的身段，向學生家長及企業家開口。

　　剛開始，陳郁秀真的難以啟齒，盧修一告訴她，如果是為了民主的理想、社會的改造，向人開口募款不是為了自己的享用，而是取之於社會、用之於社會，不但不用羞赧，且應該落落大方、振振有辭，說服對方有錢出錢、有力出力，共同為社會努力。陳郁秀虛心接受盧修一的調教，後來竟然成為募款高手，那次選舉的經費，有一大半都是她募來的呢！

共同政見　希望建立東方瑞士

　　十一月六日，參與「新國家運動」連線的三十二位三項公職候選人，有民進黨十五位立委候選人與十七位省市議員候選人南北串連，共同召開成立記者會。由姚嘉文、謝長廷、洪奇昌、葉菊蘭、顏錦福擔任召集委員，姚嘉文為總召集人，林濁水任總幹事，並聘請民進黨創黨主席江鵬堅、李勝雄律師、陳永興醫師、林義雄律師擔任顧問。

一九八九年，盧修一參加在金華國中舉辦的「點燃獨立的聖火」，此為蔡有全、許曹德受難二週年晚會。攝影／邱萬興

盧修一如是說：
「作為一個台灣人，為什麼不能面對台灣的歷史？
為什麼不能夠以台灣人的觀點，
以台灣人的立場來詮釋自己的歷史？」
攝影／周嘉華

　　面對國民黨的威脅恫嚇，姚嘉文、謝長廷、洪奇昌、葉菊蘭、盧修一等人，以「新國家連線」為題發表共同宣言，為台灣訂做新藍圖，主張台灣主權獨立、制定新憲法、發表「建立東方瑞士台灣國」的共同政見。「我們決心攜手共創自己的新國家，台灣獨立的聲音已經揚起」，此時獨立建國的主張，已經堂堂進軍一九八九年底選戰的政見市場。

　　接著，林義雄律師自美返台，發表「台灣共和國基本法草案」，獻給台灣人民，在各大媒體發表，在選戰中聯合「新國家連線」，也提出新憲法訴求。

　　要求台灣建國的參選隊伍正式組成，國民黨雖然一再恫嚇新國家連線的參選成員，但這是國民黨政府遲早要面對的事，早在一九八三年黨外人士提出「自決」觀念以來，「獨立、建國」的主張已經在台灣迅速擴張。

　　國民黨政府的選務機關說，這是分裂國土，這是叛亂，要刪除這些「新國家」參選人的政見，包括盧修一的「新國家、新憲法、新政府、新人民、新社會、新文化」的六大訴求。

　　（一）新國家：經由民主自決程序，建設新而獨立的國家。

　　（二）新憲法：順應台灣社會發展，制定民主自由的憲法。

　　（三）新政府：依據責任政治原則，組織為民服務的政府。

　　（四）新人民：基於命運共同體認識，形成和樂相處的人民。

　　（五）新社會：整合各族群各階層利益，實現公正福利的社會。

　　（六）新文化：發揚兼容並蓄精神，開展創新進步的文化。

即使受過傷
他仍熱愛這塊土地

台北縣立法委員候選人
民進黨外交部主任

盧修一

政大政治系
法國巴黎大學政治學博士
清華大學兼任副教授

即使七年前的一場變故猶如晴天霹靂
般，徹底改變了我們的生活。然而我
慶幸的是，我和他都勇敢地、健康地
重新站起來，面對另一個嶄新的目標
。我意會到他對於社會的那股強烈的
責任感正在蘊育著，而我也不甘於繼
續冷漠下去。雖然我只是個音樂工作
者，但在他未來那段貢獻所學，實踐
理想的日子裏，我將永遠地支持他。

陳郁秀，1989年9月

盧修一和他的妻子

上：盧修一競選期間曾在台北縣土城舉辦的公辦演講會後，開著宣傳車到仁教所前面去，仁教所已經緊
張得把鐵門都關起來了，警衛都拿著機關槍躲在角落，盧修一拿著麥克風說：「我今天來跟各位宣布，
過去國民黨說我主張台獨不對，關我三年，今天我出來選立法委員，請人民來決定我有錯沒有錯？主張
台獨有罪沒有罪？」
下：一九八九年盧修一參選立法委員文宣傳單。

　　由民進黨第三任黨主席黃信介領軍的「中央巡迴助選團」，發表「汰換老賊政黨，疼惜土生新黨」文宣，開始在全國巡迴站台演講，創黨主席江鵬堅、第二任主席姚嘉文律師與林義雄律師，分別為這些主張台獨的候選人到各地造勢站台，他們所造成的轟動和受歡迎，隨著投票日的倒數，一股求新求變的浮躁氣氛，在全台各地騷動著。

　　盧修一第一次參選立委，抽籤當天，很幸運抽到籤王：一號，因此抽籤之後，就多了一個「盧修一，第一號，第一好！」口號。而在這場選戰中還有一個極為特殊的插曲，把選戰氣氛帶到最高潮，那就是郭倍宏的「黑面具事件」。

1：一九八九年盧修一出版「出頭天」競選書籍。設計／邱萬興
2：一九八九年盧修一參選立法委員文宣傳單。設計／邱萬興
3：一九八九年盧修一與周慧瑛聯合競選文宣。設計／邱萬興

一九八九年盧修一與周慧瑛聯合競選立委、省議員，
在宣傳車上向台北縣民拜託支持。

通緝要犯　大玩黑面具捉迷藏

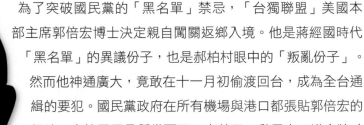

為了突破國民黨的「黑名單」禁忌，「台獨聯盟」美國本部主席郭倍宏博士決定親自闖關返鄉入境。他是蔣經國時代「黑名單」的異議份子，也是郝柏村眼中的「叛亂份子」。然而他神通廣大，竟敢在十一月初偷渡回台，成為全台通緝的要犯。國民黨政府在所有機場與港口都張貼郭倍宏的相片，高檢署更是懸賞兩百二十萬元，動用十二道金牌（十二張通緝令拘票），要全台捉拿郭倍宏。在這樣的天羅地網下，郭倍宏仍然執意去全台各地，為民進黨「新國家連線」的候選人造勢。因為他神出鬼沒，國民黨不惜動用上千軍警、荷槍實彈，在各地追捕他。

十一月二十二日晚上，當盧修一和周慧瑛在台北縣中和體育場演講造勢時，國民黨風聞郭倍宏會現身，動用了上千軍警在演講會場四周埋伏包圍，在往台北市的各大橋樑都佈署路檢。當陳菊的演講進行到一個段落時，在「黃昏的故鄉」歌聲之後，由擔任周慧瑛的競選總幹事簡錫堦一聲令下，現場燈光突然暗掉再亮起時，郭倍宏已現身台上，並召開一場國際記者會。郭倍宏面對台下的中外記者及上萬群眾發表演講，聲明自己這次闖關回台的主要目的，就是為了「推翻國民黨、建立新國家」。

短短的演講結束後，現場燈光再度一暗一亮，郭倍宏已不在台上。國民黨的高額懸賞金，收買不動台灣人民的心。此時，台下數以千計的群眾同時戴上黑底反白的「黑名單面具」，一起掩護郭倍宏安全離開現場。郭倍宏來無影，去無蹤，如金蟬脫殼般成功甩掉上千軍警的重重包圍，幾天之後再度安全回到美國。此次事件，簡錫堦負責設計，成功導演了台灣選舉史上最戲劇性的一次造勢大會，轟動當時的國際媒體。

上：郭倍宏與盧修一。盧修一、周慧瑛投票前聯合造勢晚會，黑名單郭倍宏現身造勢，
在簡錫堦精心策劃下，是當年選舉最轟動的一場演講會。攝影／邱萬興
下：數以千計的民眾都戴上黑底反白「黑名單」面具，每個人似乎都是郭倍宏，上萬民
眾一起歡呼，掩護郭倍宏安全離開會場。攝影／邱萬興

反對軍人干政
廢除刑法 100 條
終結萬年國會

盧修一的第一任立委期間（1990~1992），是台灣政治最為變動的年代。
過去國民黨政府仗勢一群聽令的「表決部隊」（老國代、老立委），
並以這種體制性暴力阻撓台灣民主發展。盧修一與其他同屆當選的民
進黨與黨外立委，當選後的首要之務，就是要「勸退老代表、促成國
會全面改選」。

一九九○年李登輝在驚險中當選為第八屆總統。但是老國代貪得無厭
的嘴臉，讓學生、教授大為反彈，三月學運具體展現台灣人民的憤怒。
李登輝總統承諾，將來會有政治改革，三月學運因此才落幕。不料，
李登輝於五月又任命國防部長郝柏村為閣揆，再度引發民進黨立委強
力反對軍人干政，並於立法院強力杯葛郝內閣的任命案。

一九九一年四月，盧修一在立法院的議事杯葛行動中，在場內遭到警
察施以最嚴重的肢體暴力，頭部撞到議場內的桌角。戴振耀為了保護
他，也被警察打到脊椎凹了一處，兩人雙雙掛彩，送台大醫院急救。

一九九一年五月到十月，國民黨先以「懲治叛亂條例」逮捕學生（獨
台會案），再以「刑法 100 條」逮捕台獨聯盟成員，盧修一感同身受，
他以立委身份，不斷關心，並走上街頭聲援同志。一九九二年，他終
以第一高票再度連任立法委員。

盧修一在立法院對抗國民黨的多數
暴力，乃至走上街頭參與群眾運動，
力爭民主、人權、關懷弱勢，對抗
不仁不義的體制。他幾乎無役不與，
並且站在第一線。攝影／邱萬興

新科立委　面臨表決部隊挑戰

盧修一從大學時代就嚮往英國內閣制，他自我期許有朝一日也能入主國會，而今美夢成真，挾著高度的民意支持，堂堂走進立法院殿堂。

不過這個美夢和實際情況有十萬八千里的差距。國會結構光怪陸離，所有的參選理念，在此毫無施展的空間。雖然民進黨在此次立委選舉的全國得票率是二十八‧二％，拿下六席縣市長、二十一席立委、十四席台北市議員及八席高雄市議員，但宣稱代表中國各省的國民黨籍老立委及新任的國民黨立委，在人數上卻多了將近十倍，每當要投票表決法案時，民進黨的提案完全推動不了。相同的情況，在國民大會亦常上演。

這些一九四七年前在大陸選出來的民意代表，後來流轉到台灣來的，在一九九〇年時，還有兩百一十八位立委、八百六十五位國代、三十六位監委。這一千一百一十九位完全觸不到台灣本土民意、平均年齡在七十八到八十一歲的「老法統」，竟然長期操縱著當時台灣一千九百萬人民的前途！

在立法院、國民大會及監察院的議場上，人民常常透過電視，看見他們坐著輪椅、綁著尿袋、配戴心律調節器，甚至躺在病床上使用氧氣筒被護士推進來的身影。也有極少數能走動及侃侃發言的，但只能發表一些和台灣現實社會完全脫節的內容。

萬年國會的時代，在野立委在國會舉手，永遠不敵表決部隊。白髮頑童盧修一在立法院議場內，要勸退資深立委楊寶琳。
攝影／許伯鑫

左起民進黨立委洪奇昌、謝長廷、盧修一、劉文雄、陳水扁、張俊雄、黃天生、葉菊蘭、
張博雅、陳定南等立委，在立法院群賢樓報到處門口，阻擋資深立委與僑選老立委報到。
攝影／余岳叔

一九九〇年三月，國民大會即將改選總統，抗退的「萬年國代」試圖透過國會的各種運作，攬權自重，甚至利用選總統的機會擴張自己的權力，將國代出席費由五萬二千元提高到二十二萬元。他們甚至揚言，如果出席費低於上一次的金額，將醞釀抵制李登輝選總統。他們貪得無厭的惡形惡狀，終於挑起台灣人民的憤怒之火，尤其是最具理想色彩、最沒有政黨利益糾葛，且最具社會批判力的大學生。參與學運的學生與教授，首度使用請願、罷課、靜坐手段來表達他們對國民黨強烈的不滿。

一九九〇年的三月學運因此產生。李登輝、李元簇雖然榮登中華民國第八任總統、副總統寶座，然而，這是經過國民黨內權力惡鬥下的結果，並不表示台灣人的民主運動有所進展。

學生教授　野百合表極度不滿

年輕人的怒吼也開始和社運團體唱和。以大學生為主力的三月學運「野百合運動」，以中正紀念堂廣場（今自由廣場）為集會所，對國民黨的「二月政爭」及混亂的憲政體制表達極大的不滿，集體靜坐、罷課、請願、演講，申訴「除老賊、解國難」的口號；學生們更和教授合組「台灣學生教授制憲聯盟」，提出主權、制憲、社會權三大主張。

參與靜坐的學運團體，在首次合作的校際會議上，確定三月學運的四大訴求為：「解散國民大會」、「廢除臨時條款」、「召開國是會議」、「訂定政經改革時間表」。

盧修一與陳郁秀帶領三個孩子，晚上一起到野百合學運現場。攝影／周嘉華

上：盧修一堅決反對軍人干政，展開議事
杯葛。圖片提供／中國時報
下：盧修一為抗議軍人組閣，站上立法院
議事桌上，指揮民進黨立委進行議事杯葛。
攝影／余岳叔

「郝柏村組閣」案由立法院交付立委行使同意權，「十多位」民進黨立委
在院會開議時，穿著「堅決反對軍人組閣」背心，全部湧上發言台，打算
癱瘓議程，強烈表達他們的抗議。攝影／余岳叔

軍系空降擾亂文官

無言抗議

軍頭來了，台每投資怕
軍頭發成媒體喋若寒蟬

軍坐抗議

一九九〇年五月十八日，近百位大學教授成立「知識界反軍人組閣行動」，在台北新公園省立博物館前靜坐抗議。攝影／余岳叔

理念相同　聲援黃華走在前頭

一九九〇年十一月三日，「新國家運動」發起人之一的黃華，第四度被捕入獄。

為台灣民主奉獻的黃華，第四度被國民黨以叛亂罪重判十年。黃華前三次判刑總計被關了二十一年。文化界人士林雙不與學術界為了聲援黃華，於一九九一年一月七日，共同組成「聲援黃華全島行軍團」，以「行出新台灣，建立新國家」為口號，展開環島行軍，援救台灣最後的良心犯黃華。

盧修一以「新國家的建築師」高票當選立法委員，而黃華與盧修一在民進黨中央黨部有共事情誼，眼看黃華遭受政治迫害，盧修一怎能袖手旁觀？行軍團於台北承德路第一站出發時，盧修一與林雙不、黃富等人，手拉布條，走在隊伍的最前面。二月二十八日，行軍團又在台北大會師，上街頭大遊行。

一九九一年的三月十九日，國民大會終於對資深國代於一九九二年退職的提案做出決議。不過，對於修憲問題，國民黨不願意那麼快就鬆手，仍然想盡辦法利用立法院的人數優勢來阻擋改革。四月八日，老國代的最後一次會議在陽明山中山樓舉行。這些老國代們在第一屆第二次臨時大會中，以「一機關二階段修憲」之名，行「一機關一階段修憲」之實。這種為維護既得利益而不惜違憲的作法，引發民進黨國代的極端不滿，他們與國民黨國代產生許多次肢體衝突，結果憲警和便衣人員入場，將民進黨國代全部拖出場外。

作家林雙不（右二）發起文化學術界「行出新台灣，建立新國家」，盧修一（左一）、陳永昌教授（左二）、黃富（右一），從一九九一年二月七日展開環島行軍活動。攝影／邱萬興

盧修一參加「行出新台灣，
建立新國家」行軍團。
攝影／邱萬興

獨台會案　人民順勢再廢懲叛

　　「動員戡亂時期臨時條款」雖宣告廢止，但國民黨政權卻依舊保留刑法第 100 條，作為控制人民思想與迫害異己的利劍。只要這條違反基本人權的法令一日不除，台灣的政治犯就不得平反。

　　一九九一年五月九日，國民黨製造了一樁解嚴後的「白色恐怖」事件──「獨台會案」，逮捕獨台會成員陳正然、王秀惠、林銀福、廖偉程等四人。其中廖偉程為清華大學研究所學生，林銀福為原住民。

　　「獨台會案」爆發後，知識份子強烈反彈，學生、教授紛紛加入聲援行列。結果引爆了「五月學運」，學生團體夜宿台北車站數日表達了嚴正的抗議。學生、教授近兩千人夜宿台北火車站內，要求國民黨政府廢除懲治叛亂條例。他們向往來旅客表達「廢除叛亂惡法、要求釋放無辜、反對政治迫害、尊重學術自由」等四大主張。「全民反政治迫害運動聯盟」等團體，亦前往立法院為「獨台會案」請願。

　　民進黨團的立委，頻頻在立法院內，向行政院長郝柏村發動激烈抗爭，要求儘速修改這條惡法；五月十七日，立法院終於在龐大的社會壓力之下廢除「懲治叛亂條例」，並將陳正然、王秀惠、林銀福、廖偉程等四人交保釋放。議場外，民進黨中央黨部與立院黨團，則與學界和社運界共同發起「反白色恐怖及政治迫害」大遊行。

盧修一在立法院群賢樓前聲援「獨台會案」的學生抗爭遊行。攝影 / 邱萬興

夫人陳郁秀於巴黎買的藕色西裝，盧修一立委穿此件西裝時，
在議場「不打架」，因為弄破了可捨不得。攝影 / 邱萬興

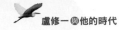

保護院士　避免他遭軍警暴力

　　九〇年代，台灣國內政情浪潮洶湧，海外黑名單人士想要藉機闖關回台。但國民黨政權一向不容許台灣人民主張「台灣獨立」，不僅對台獨思想、言論大加撻伐，也對台獨結社的行動予以司法恫嚇。獨台會案後，國民黨開始大肆逮捕黑名單人士，台獨聯盟美國本部主席郭倍宏、副主席李應元相繼回台被捕。

　　隨後社運界與學術界結合，成立了「一〇〇行動聯盟」，並要求「廢除刑法 100 條」。尤其是中研院院士李鎮源、台大法律系教授林山田、台大經濟系教授陳師孟帶領的「反閱兵、廢惡法」的抗爭行動。一九九一年九月二十一日，「一〇〇行動聯盟」於台大校友會館舉行成立大會，許多學生、學者、教授再一次勇敢站出來反對國民黨的作為。

　　盧修一立委也參與了「一〇〇行動聯盟」推動的「愛與非暴力」抗爭活動。十月八日學生在總統府前展開「愛與非暴力」演練，遭到軍警用強力水柱驅散，他們被憲兵部隊嚴重毆打、血流滿面。十月九日，「一〇〇行動聯盟」的成員包括李鎮源、蘇益仁、涂醒哲、林山田、陳師孟、廖宜恩等學者、教授們，紛紛在台大醫學院基礎醫學大樓前靜坐，企圖要達成「反閱兵」的目的。因為李鎮源院士是台灣醫學界的大老，他的「挺身而出」格外令人振奮。

李鎮源院士（圖中）、台大教授林山田（圖左）、陳師孟（圖右）都是一〇〇行動聯盟發起人。攝影 / 劉振祥

　　十月十日清晨，軍方動用精良的憲兵部隊與強悍的鎮暴警察，將靜坐在台大醫學院基礎醫學大樓前的學者、教授，以強力驅離的方式「扛離」現場，說是要清除國慶大典閱兵前的「路障」。民進黨盧修一立委、陳定南立委、許瑞峰與許多台大醫師、盟員就坐在李鎮源院士旁保護他，不讓他受到軍警的暴力傷害。李鎮源院士面對軍警的逼近，激動的站起來：「你們拖走我啊！我不怕！」林宗正牧師則不斷叮嚀學生，面對警察拖離時不要反抗。

上：國民黨枉顧台灣人權，一直不願徹底廢除刑法第 100 條，並且動員其表
決部隊，強行通過不當的修正案。面對蠻橫無理的霸權，民進黨團的立委們
不得已只好在議會中進行肢體抗爭，凸顯國會體制與結構的不合理。
圖片提供 / 中國時報
下：盧修一為抗議軍人組閣，站上立法院議事椅上，指揮民進黨立委對行政
院長郝柏村展開激烈的抗爭行動。圖片提供 / 中國時報

民進黨立委一字排開站在桌上,抗議國民黨以惡法「刑法 100 條」逮捕「黑名單」人士,他們在立法院杯葛行政院長郝柏村的發言。國民黨動用警察進入議場,以盾牌保護郝柏村。攝影 / 黃子明

民進黨兩位「白毛立委」
盧修一和李慶雄在立法院
議場中,大聲疾呼廢除刑
法一〇〇條。
圖片提供 / 中國時報

廢除惡法　保障言論思想自由

　　警方一一架走張忠棟、林逢慶教授與現場記者,非暴力抗爭的領
導幹部簡錫堦與鍾佳濱被抓走後,由警察載去台北附近郊區丟包放下。
但林宗正牧師與羅文嘉卻被抓去台北市中山分局派出所樓下關了一晚,
遭到隔離偵訊且毆打。

　　「一〇〇行動聯盟」從一九九一年九月二十一日正式成立,到十
月十日在台大基礎醫學大樓的「反閱兵、廢惡法」靜坐行動結束為止,
短短的二十天,充分展現了台灣人民「沛然莫之能禦」的改革力量。

　　「刑法 100 條」是一條絕頂惡劣的法律,它不但是迫害台灣人民
思想自由的惡法,也是國民黨政府整肅政治異己的最佳法寶。對人民
的基本權利造成嚴重的挫傷,更製造了無數冤獄和民怨,為了社會和
諧和民主發展,應立即廢除刑法 100 條。

　　在立法院內,民進黨立院黨團全力聲援「刑法 100 條」的廢除
抗爭,盧修一動筆寫了一篇「刑法 100 條應該廢除的理由」,於十
月七日司法委員會中提出並列入紀錄;這一天,司法委員會一讀通過
廢除刑法 100 條。之後歷經社會各界的呼籲及抗爭,立法院終於在
一九九二年的五月十五日,三讀通過刑法 100 條修正案;郭倍宏、李
應元、王康陸、黃華、陳婉真、林永生、許龍俊、鄒武鑑、江蓋世等
諸多台獨叛亂犯,才得以陸續出獄。

上：一○○行動聯盟的「愛與非暴力」抗爭，要求廢除刑法第100條。攝影／許伯鑫
下：李鎮源院士、廖宜恩教授、羅文嘉、盧修一立委等人，在立法院議場前，輪流對民眾演說。攝影／潘小俠

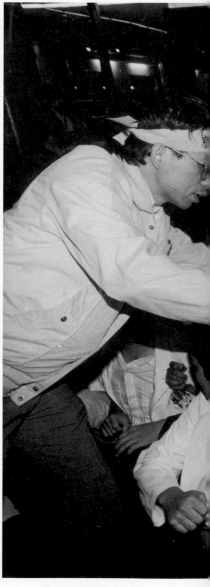

上：盧修一立委到台大基礎醫學大樓，為「反閱兵、
廢惡法」行動靜坐。
下：一九九一年十月十日清晨，憲兵部隊準備驅離在
台大醫學院大樓前靜坐的學者與教授，遭到各大媒體
的集體抗議與聲援，媒體界揚言要讓政府雙十閱兵新
聞開天窗。攝影／周嘉華

一○○行動聯盟的「反閱兵、廢惡法」行動，一九九一年十月十日清晨，在憲警驅離前，盧修一立委與教授、學生在台大基礎醫學大樓前靜坐，保護李鎮源院士不受到傷害。攝影／潘小俠

一九九二年四月十九
日,民進黨主辦「總統
直接民選」大遊行。
攝影/邱萬興

總統直選　堅持理念打死不退

　　一九九一年年底,「老賊」國代終於全部退出盤踞甚久的國民大
會。一九九二年國民大會臨時會中,台灣人民第一次有機會透過自己
選出的國大代表,來決定台灣的憲政體制。然而沒多久後,國民黨露
出馬腳,抗拒改革。主導國大議事的國民黨,不但拖延、敷衍全國人
民所關心的憲政問題,甚至將原先全民期待的總統選舉方式擱置不談。
讓台灣人民看到所謂的「國大亂象」,對執政的國民黨大失所望。

　　針對國民黨毫無誠意的作法而導致的「國大亂象」,民進黨決定
成立「總統直選推動小組」,並訂於一九九二年四月十九日起連續三
天二夜的抗爭,舉辦「總統直接民選大遊行」,一來教育台灣人民「人
人有直接選舉總統的參政權」,二來對國民黨施壓,抗議國民黨胡作
非為,蔑視人民對憲政改革的期盼。

　　「四一九總統直接民選大遊行」活動,由黃信介擔任遊行總領隊,
遊行決策小組為許信良(召集人)、姚嘉文、陳永興、洪奇昌、蔡同榮,
遊行指揮小組為邱義仁、顏錦福、謝長廷。民進黨在台北火車站前的
忠孝東路歷經數日的抗爭,盧修一也與民進黨立法院黨團、陳菊帶領
的國大黨團在街頭抗爭,民進黨前主席黃信介在烈日大雨中屹立三天,
鎮守街頭,並發下豪語表示：「打死不退」。

1：一九九二年四月二十二日，民進黨前主席黃信介鎮守街頭，發下豪語表示：「打死不退」。
攝影／黃子明
2：民進黨黨公職與來自全台數萬群眾，一起站出來大聲說「阮欲選總統」。攝影／邱萬興

3：一九九二年四月十九日，民進黨發起總統直選大遊行，並於台北車站靜坐，圖為盧修一和陳菊於雨中跳舞，苦中作樂。攝影／謝三泰
4：歷經六天五夜的抗爭，國民黨的暴警與噴水車永遠無法抵擋人民要求「總統直接民選」的決心。
攝影／劉振祥

上：農民團體選出的戴振耀堅持在立法院以台語問政，遭到
眾多國民黨資深老立委以「聽不懂台語」喧嘩鬧場，在國會
議場一搭一唱的盧修一，開始為戴振耀委員把台語翻譯成北
京語。
下：懷念的播音員，盧修一與陳郁秀接受淡水河廣播電台台
長袁嬤嬤的訪談，傳播自己的政治理念及扎根本土文化。

盧修一在立法院議場發言，抗議
立法院長梁肅戎經常不當使用
「憲警暴力」。攝影／周嘉華

上：盧修一參加悼念車諾堡核電災變六週年大遊行。攝影／邱萬興

下：左起張國龍教授、洪奇昌立委、葉菊蘭立委、盧修一立委、台灣環保聯盟會長劉志成。
攝影／邱萬興

盧修一參加反核四大遊行。
攝影 / 邱萬興

蘆葦與劍　白鷺鷥要競選連任

一九九二年，盧修一競選連任，以白鷺鷥做為他的競選 LOGO。

滬尾工作室凝聚諸多文化人的熱情投入，很快就打出名號，接下來更走出文字的世界，陸續開辦文化導覽員的培訓、史蹟解說員的教學、兒童營、草根文化一日遊等活動，真正扎根在滬尾的土地上。盧修一隨著刊物，一次次巡禮這塊生他、育他的土地，更加體會淡水的文化深度，以及無數先民在這裡留下的心力及智慧。有時漫步在田野圳溝間，盧修一見到成群結隊的白鷺鷥身影時，童年美好的記憶一幕幕浮現出來。祖母為感謝白鷺鷥為農田捕捉害蟲，把吃剩的米苔目餵食白鷺鷥的慈悲；白鷺鷥站在牛背上的可愛形象，一直是盧修一心目中純真和自由的標記。

盧修一為了能繼續在立法院執行自己訂定出來的中、長期目標，他決定競選連任，一九九二年他的文宣團隊先是為他擬出「蘆葦與劍」的問政形象。之後，他也從白鷺鷥身上找到靈感，他的一頭銀絲，與一身潔白、專門捕捉田間害蟲的白鷺鷥形成巧妙的聯結。盧修一在籌劃一九九二年年底的競選連任選戰策略時，推出了「白鷺鷥宣言——正直、專業、清廉」的訴求，並邀請曾在復興美工擔任平面設計的何從老師繪製一隻白鷺鷥木刻版畫，做為他的競選 LOGO，表明自己是為民除害、關照本土、守護台灣的象徵。「蘆葦與劍」和「白鷺鷥」成為這次競選連任的主題。

攝影／郭智勇

盧修一喜愛戶外運動，對於推動野生動
物之保育更是不遺餘力。

「白鷺鷥宣言」，一九九二年盧修一競選連任立委小冊子文宣。

盧修一參加立法院民進黨團舉辦的「學術自由的界限」公聽會。

立法院八十六會期，盧修一積極審查大學法，獲「大學教育改革促進會」頒最高榮譽「金蘋果」獎。

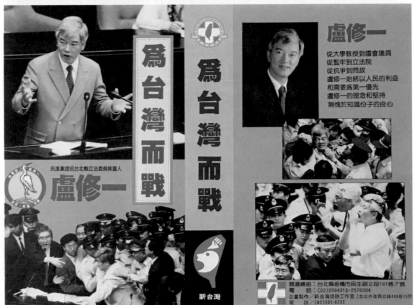

上：「蘆葦與劍」，一九九二年盧修一競選連任立委錄影帶。設計／邱萬興

下：「為台灣而戰」，一九九二年盧修一競選連任立委錄影帶。設計／邱萬興

　　競選晚會上，盧修一邀請到「流浪到淡水」的盲人歌手金門王與李炳輝來獻唱，讓這二位地方盲人歌手有一個表演舞台，他們用淡水人、淡水的歌、淡水的文化意念，來為淡水籍立委助陣。

　　一九九二年的十二月十九日，盧修一再次抽中「籤王」——1號，他以現任的政績、堅實的民意、豐富的文宣及辛勤的選戰，打出漂亮的成績單，以11萬9661票的高票，成功連任台北縣立法委員。

李鎮源院士特地來為盧修一連任站台助選，感謝他在廢除刑法100條的堅持與努力。
攝影/邱萬興

「台灣是這樣長大的」，淡水之歌——金門王與李炳輝台灣歌謠演唱會八開傳單。

「流浪到淡水」盲人歌手金門王（左二）、李炳輝（右一）在盧修一競選晚會上獻唱。攝影／邱萬興

上：一九九二年，盧修一岳父陳慧坤捐出畫作，為盧修一競選連任立法委員募款。
攝影／邱萬興
下：盧修一與林義雄先生在政治志業上同樣具有崇高的理想。林義雄律師為盧修
一連任立委助講。攝影／邱萬興

上：一九九二年盧修一競選連任第二屆立委，攝於民進黨第二屆立法委員參選誓師大會。
攝影／邱萬興
下：「別讓盧修一被抬出立法院」，一九九二年盧修一搶救文宣，八開傳單。

理性問政・立新法
傳承・提攜後進

盧修一在第二任立委期間（1993~1995），與許多民進黨立委一起，甚
至也聯合不同政黨的立委，致力推動攸關台灣政治發展的幾大法案，
其中包括「陽光法案」、「政治獻金法」，以及「廢除甲等特考」。
而盧修一的左派社會主義思想，讓他永遠對社會弱勢族群有特別的關
心與同情。每年政府總預算質詢期，他都會指出，國民黨政府的社會
資源獨厚軍公教、國防，卻輕忽老弱、婦幼、農漁民及勞工的扭曲結構。
第二屆立委任內，盧修一以白鷺鷥自我比擬。白鷺鷥喜好成群結隊，
在田間捕捉啃食稻穀的害蟲，同飛共食；所以在立法院內，盧修一是
少數肯更用心提攜優秀後進的委員。
盧修一對鄉土和文化的熱愛，在幾番深思熟慮之後，他終於決定成立
基金會，用藝術和文化的力量，來縮短城鄉的差距，提升全民的水準。
「白鷺鷥文教基金會」因此成立。
一九九五年，為紀念《馬關條約》簽定一百年，白鷺鷥文教基金會推
出「台灣音樂一百年」系列活動，為台灣百年來的音樂文化發展，作
了絕佳的詮釋。

左起林義雄律師、
陳郁秀、盧修一、
三重市長陳景峻。
攝影／邱萬興

攝影 / 郭智勇

白鷺鷥
飛翔於清淨的天空
成雙做對 比翼連行
越過青翠的山嶺 俯視
肥沃的田野，花剛開
自己的天地，自由自在!!
為了自己的幸福，石出
的尋覓，石出的 相扶
攜! 啊! 白鷺鷥一

chérie : le 22 déc. 1993
明天你即另一段異國
之旅。一切電我經驗在等
待著你。此時，在我們共
同經營的世界，你也
記得有一隻伴你二十年
的白鷺鷥。花型點的是
你祝福，明朝坐坐的
等待你豐盛的歸來呢!
上海的照妞。也許特別收
引成你在夢中擁抱、長均。
讓甜蜜的思念永遠包著你, 修

盧修一的「白鷺鷥」手稿。

盧修一與姚嘉文、施明德
等立委一起召開黨團會
議。圖片提供／自由時報

高票連任　問政理性感性兼備

　　盧修一高票連任台北縣立法委員，他一點都不會志得意滿，而是
以充滿感謝的心再投入立委的工作。他開出三點承諾：第一，做一個
清清白白的民意代表，不搞特權、不包工程、不非法關説。第二，做
一個全心全力的專業立委，全力出席會議、全心審議法案、隨時反應
民意。第三，做一個堂堂正正的反對黨國會議員，為維護台灣人尊嚴、
堅持台灣獨立理念、實現民主憲政而奮鬥。

　　盧修一的政治專業、法律知識及文史素養，讓他在第二屆立委任
期，徹底發揮了理性與感性兼備的問政風格。盧修一依然擔任法制委
員會召集委員，他上任後首先推動的就是「陽光法案」。對於這個自
一九八九年時即由趙少康立委提出草案的法案，歷經波折，朝野決心
在第二屆立法院開議的會期內完成審查。盧修一居中頻頻以「求大同、
存小異」的原則協調兩黨歧見，經四次審查會及一次協調會後終於完
成審議。

上：一九九三年，立法委員盧修一、
陳水扁和趙少康為「陽光法案」積極
協商。圖片提供／自由時報
下：趙少康肯定盧修一主持議事的協
調能力，才能使陽光法案催生成功。
圖片提供／自由時報

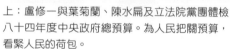

上：盧修一與葉菊蘭、陳水扁及立法院黨團體檢
八十四年度中央政府總預算。為人民把關預算，
看緊人民的荷包。
下：盧修一與彭明敏教授、洪奇昌、林濁水舉辦
「台灣如何遏止中國劫機事件再發生記者會」。

「新國會聯合研究室」舉辦「農業基本法」記者會，盧修一和戴振耀、洪奇昌委員出席，主張維護農民權益。

上：關心殘障者就養問題，盧修一與戴振耀、蘇嘉全一起召開法規修訂協調會。
下：盧修一關心「野生動物」，與朝野六十九位立委共同提出民間版的「野生動物保育法」。

立 法 院

死諫！
抗議長委會企圖開放
工制象外來種野生動物！

緊急修法
不能不顧品質

做好保育提昇
台灣形象

支持民間

是
的朋友

農委會保
育不力
國家蒙羞

支持民間版野保法
讓非野生動物終結者罪

農委會
該向全
民謝罪

虎年
能絕種

為徹底革新保育政策，維持物種多樣性與平衡自然生態，盧修一呼籲立法院儘速通過「民間版野生動物保育法」。

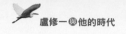

一九九三年盧修一參加「反雛妓行動專案」下鄉行動演講，希望讓台灣不再有雛妓。
攝影／邱萬興

　　盧修一以白鷺鷥自居，他尤其對野生動物的生存權特別著墨。台灣在一九八九年時雖已公布並施行「野生動物保育法」，但一直沒有落實，直到一九九二年發生犀牛角風波，農委會才倉促提出「野生動物保育法」的修正草案。但其條文內容仍有頗多疏漏。在盧修一的帶頭下，朝野六十九位立委共同提出民間版的「野生動物保育法」，切實維護物種的多樣性與自然生態的平衡。

　　在核電的議題上，盧修一身為台北縣在地的立法委員，堅決反對在貢寮興建核四廠，但反核不是一個泛政治化的問題，而應從政策面、產業面及能源面來思考，並透過全民投票來決定是否興建。

　　而為了驅走強權文化鬼魅，盧修一對於肅貪和除弊更是著力。他催促當時的法務部長馬英九在執行肅貪方案時，訂出時間表和成績單；他揭發國民黨國庫通黨庫的事實。

　　左派社會主義掛帥的盧修一，永遠對社會弱勢族群有深切的同情。每年政府總預算質詢期，他都會提出社會資源獨厚軍公教、國防卻輕忽老弱、婦幼、農漁民及勞工的扭曲結構。他向當時的行政院長連戰提出「文化均富」的理想，要求降低國防支出，把經費移至國民教育經費及弱勢族群的社會福利上，實現「文化大國」的理想。此外，盧修一對平衡台北縣與台北市間懸殊差距及中小企業信保基金逾放比例偏高的問題，也都下了功夫去研究、質詢。

從熱情到內斂：一九九二年國會
全面改選之後，立法委員盧修一
問政風格從議事杯葛、抗議不義
體制，轉為利用本身政治學專
業，執著於改造政府體制及社會
體質的工作。攝影／許伯鑫

台灣環保聯盟發動的「一九九三全國反核大遊行」，約二萬人走上台北街頭。攝影 / 邱萬興

上：盧修一與台大教授施信民參加反核大遊行。
中：盧修一與來自蘭嶼全副武裝的雅美長老一起
參加反核大遊行。攝影／邱萬興
下：反核大遊行活動的訴求是：撤銷核四計畫、
杜絕輻射毒害、建立非核家園。攝影／邱萬興

上：反核團體齊聚立法院門口，盧修一與民進黨黨團立委全力推動「全民監督、核四重審」。攝影／邱萬興

下：盧修一參加在立法院前的「公民投票，否決核四」示威抗議。

反核，是為了子孫的永續
生存，一九九四年盧修
一、周伯倫與林義雄為核
四公投，在立法院前與鎮
暴警察對峙。

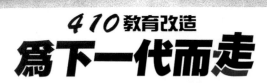

一九九四年四月十日，台大數學系黃武雄教授及人本教育基金會等數十個民間團體，以「讓我們擁有童年」為主題，發起「四一○教育改造」大遊行。這是台灣教育史上第一次從小學到大學要求全面教育改革的遊行。
海報設計／邱萬興

左：「四一○教改」大遊行，白髮頑童盧修一在台北市仁愛路上和娃娃車的對話。攝影／邱萬興
右：盧修一與田媽媽（圖中）、立委翁金珠（圖左）。

上：四一〇教育改造工作隊，在台北市舉辦「為下一代而走」抗議活動，
出現許多親子與街頭道具走街頭的溫馨畫面。攝影／邱萬興
下：盧修一與陳菊、林濁水攝於「四一〇教改」大遊行。攝影／邱萬興

一九九一年盧修一為子弟兵李文忠、賴勁麟、洪瑞隆參選國代助選，林義雄特別到台北縣李文忠競選總部加油打氣。

廣結善緣　提攜優秀小白鷺鷥

　　盧修一之所以能周旋於兩黨之間發揮特有的影響力，除了學識、口才、專業背景外，最擄獲人心的，就是他一貫「廣結善緣」的處世風格，以及「誠信至上」的協商原則。雖然，一般人都知道要化解衝突、追求更大利益的重要，但身處爾虞我詐的立法院內，每位委員都背負著政黨的壓力及選民的託付，要堅守自己的理想，或成全他人的理念，很不容易。

　　然而，盧修一卻是一個能拋開包袱、講求信用來顧全大局理想的人。他在議事方面的認真及運作純熟，以及尖銳刁鑽又不失風趣理性的作風，在第二任立委任內的第一年，即被當時的國會記者共同評鑑為表現良好的十二位立委的第三名；到第四年時，《聯合報》民意調查中，針對十五位現任立委任內的總體表現，盧修一的知名度和民眾評價，都高居縣籍立委中的榜首。

　　盧修一以「白鷺鷥」的精神意象打贏連任的選戰，第二屆立委任內，他則以白鷺鷥的習性自期。白鷺鷥日常成群結隊，在田間捕捉啃食稻穀的害蟲，同飛共食；所以在立法院內，盧修一除了注重與不同立場的人的溝通、協調之外，他更用心栽培自己的班底，提攜優秀的後進。

　　三任立委任內，盧修一提拔了不少後進。他和新潮流系的子弟兵共組「白鷺鷥連線」，以「正直、專業、清廉」作為連線成員參選公職的口號，賴勁麟、李文忠、陳景峻、林錫耀、陳世榮、陳文治、沈發惠等人都是他帶出來的「小白鷺鷥」。

攝影 / 郭智勇

耕耘栽培　小白鷺鷥深耕基層

　　盧修一推出白鷺鷥標幟，當這些子弟兵培養到可以獨當一面時，以他為首的「白鷺鷥連線」在台北縣慢慢成型。一九九一年盧修一開始為子弟兵李文忠與賴勁麟、洪瑞隆參選台北縣國大代表助選，李文忠與賴勁麟順利當選國代。一九九二年三月，盧修一傾全力為三重市長候選人陳景峻助選。陳景峻是盧修一在文化大學教過的學生，盧修一擔任這場補選三重市長之戰的競選總幹事，國、民二黨競爭激烈，陳景峻最後以些微的一百七十六票險勝，當選三重市長，讓國民黨候選人陰溝裡翻船。

　　一九九四年初，盧修一全力為白鷺鷥連線縣議員成員助選，盧修一的競選總幹事蕭貫譽參選板橋市縣議員、朱永惠參選三重市縣議員、徐秉賢參選中和市縣議員、盧修一的國會助理陳世榮參選樹林市縣議員，蕭貫譽、朱永惠、陳世榮三人都順利當選台北縣議員。陳景峻則角逐三重市市長連任，陳景峻大勝國民黨對手五萬票，順利連任市長。一九九四年底，盧修一不僅全力提攜林錫耀參選台灣省省議員；也奮力為陳定南參選台灣省省長站台助選。這場台灣省長選戰，民進黨定調為「四百年來第一戰，要將台灣變青天」，盧修一也義賣自己的字畫，為陳定南募款。

　　台灣的基層選舉，長年以來黑道介入、佈樁買票的惡風瀰漫，但盧修一和他的「小白鷺鷥」們，則以不買票、不送禮、不請客的原則，用明確的政見、清新的形象，爭取選民的認同。「白鷺鷥連線」成員，以正直、專業、清廉的形象，逐漸成為一個形象正派的問政團隊。而盧修一以母雞帶小雞的方式，護持、推舉這些參選人，展開全縣上百場演講，集體推出重要議題，群體作戰，帶動團隊並進的效應。如今新北市（原台北縣）政治人才輩出，一棒接過一棒，小白鷺鷥深耕基層，都要歸功於盧修一無私的耕耘和栽培，才有今天豐碩的成果。

上：一九九四年盧修一為白鷺鷥連線縣議員助選，左起蕭貫譽、陳世榮、朱永惠、盧修一立委、賴勁麟國代、李文忠國代。攝影／邱萬興
下：盧修一和台北縣白鷺鷥連線子弟兵，於台北縣政府前合影，前排左三起為賴勁麟、陳文治、盧修一、李文忠、林錫耀。

盧修一立委與白鷺鷥連線成員的感謝文宣。

左：一九九四年為白鷺鷥連線林錫耀競選省議員助選。攝影／邱萬興

右：一九九四年盧修一與民進黨主席許信良，為其子弟兵陳景峻競選三重市長連任助選。

盧修一與李文忠、陳文治、陳世榮參加勞工朋友舉行的大遊行，要求「立即修改健保法」保障勞工權益。攝影／邱萬興

右：盧修一與白鷺鷥連線成員，台北縣議員陳世榮。

左：盧修一辭世後，一九九八年夫人陳郁秀繼續提攜李文忠（右一）、陳景峻（右二）和賴勁麟（左一）

參選立法委員，承繼白鷺鷥香火。

盧修一與他的時代

上：一九九四年，盧修一與第三屆民進黨主席黃信介（左二）、第二屆黨主席姚嘉文（左三）、
創黨主席江鵬堅（右一）攝於黨慶大會。攝影／邱萬興
下：「婆娑之洋、美麗之島、我們的家」，盧修一義賣自己的字畫為陳定南競選省長募款。
攝影／邱萬興

252

上：盧修一站在宣傳車上向選民請託支持陳定南競選台灣省長。
下：一九九四年，盧修一為台灣省長候選人陳定南助選。攝影／邱萬興

盧修一立委為陳定南競選省長站台助選。攝影／許伯鑫

藝術文化　縮短差距提升水準

　　白鷺鷥的精神意象及實際工作成效，已經累積到相當的成果時，很多熱情的支持者，不斷催促盧修一成立基金會，以方便做更多的事情。但盧修一擔心外界誤解他會利用基金會圖利自己，所以他遲遲未成立基金會。

　　盧修一對鄉土和文化的熱愛，一直是他內在最深層的情愫。每每他在國會議堂上參與一條法案的訂定之後，他內心就會再一次浮出一個念頭：在政治與民主的進步、經濟繁榮之後，台灣人民還需要什麼？

　　盧修一和太太陳郁秀經由不斷地下鄉行腳，從海角到山邊，他們經常看到偏鄉的孩子們因為金錢拮据，買不起任何樂器，甚至只會唱「國歌」！這令他倆相當痛惜，於是他們發動一些有心人士，下鄉舉辦好幾場音樂會。他們發現音樂是人類共同的語言、是孩子們心靈最好的良伴！於是，盧修一終於決定成立基金會，用藝術和文化的力量，來縮短城鄉的差距，來提升全民的水準。「白鷺鷥文教基金會」因此在一九九三年十一月成立。

　　盧修一要求太太陳郁秀擔任首任董事長，而且不只掛名，還要百分百投入。原在師大擔任音樂系教授、系主任的陳郁秀，自此除了音樂界的工作，課餘還要關心基金會的財務、行政、企畫及出版諸事務。

　　一九九五年，台灣各界以《馬關條約》的簽定為台灣百年歷史發展省思時，白鷺鷥文教基金會亦推出「台灣音樂一百年」系列活動，藉由回首台灣本土音樂的發展樣貌，來審視時代流轉下人民的生活處境。這個系列活動，由盧修一的藝術家岳父，畫家陳慧坤主持「開鑼」之後，包括音樂會、音樂史老照片展覽、有聲書出版，以及十六場研討會等次第展開，為台灣百年來的音樂文化發展，作了絕佳的詮釋。

盧修一與國寶級布袋戲大師李天祿合影。

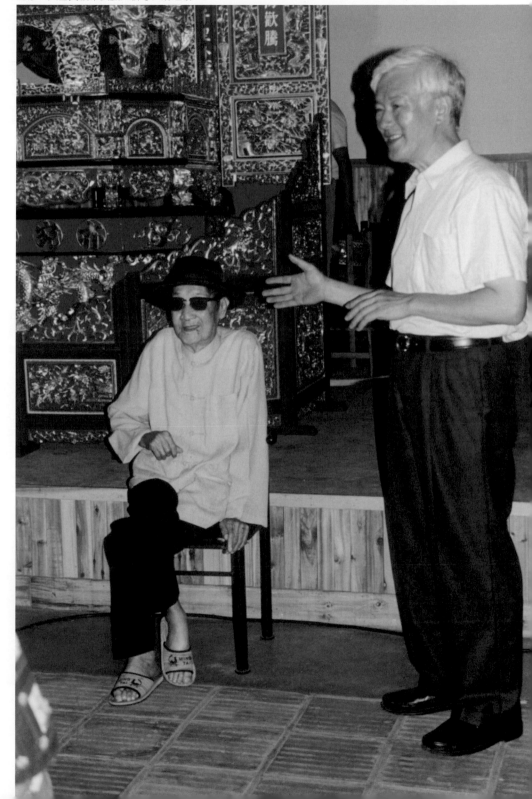

上：一九九二年立委選舉時，陳郁秀成了盧修一的頭號助選員，自告奮勇地策劃舉辦了一場別出心裁的「月光詩情話」音樂會，陳郁秀彈琴、盧修一朗誦詩詞，展現出他的詩詞造詣及感情豐富的一面。

下：「月光詩情話」音樂會在台北縣立文化中心演出，演出者：左起大提琴家張正傑、女高音李靜美、盧修一、鋼琴家陳郁秀。攝影／邱萬興

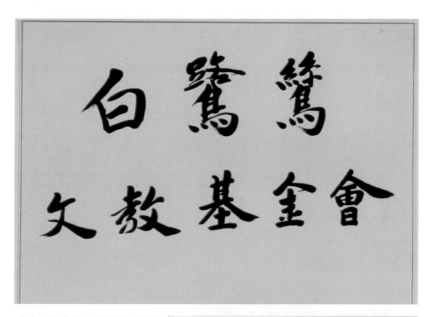

上：一九九三年盧修一與陳郁秀攜手
創辦「白鷺鷥文教基金會」，他們以
「白鷺鷥」為名，就是希望發揚白鷺
鷥的精神，在這急速蛻變、品質持續
惡化的生活環境下，舉辦藝文活動，
推動文化重建工程、淨化人心，敦厚
社會風氣，以達到心靈環保的目的。

下：時而凌空飛翔，時而俯首除蟲的
白鷺鷥，象徵著吉祥、清白、清廉，
同時又具有愛護鄉土的深遠意義。
一九九三年基金會成立，即是秉持著
白鷺鷥精神，提倡藝文活動，達到
「心靈環保」，建設和諧、安詳及真、
善、美世界的目的。圖為白鷺鷥文教
基金會特刊。

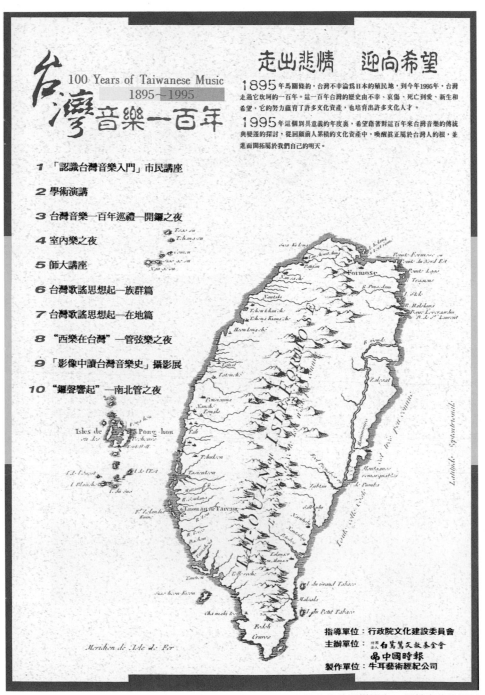

台灣音樂一百年

100 Years of Taiwanese Music
1895～1995

走出悲情　迎向希望

1895 年馬關條約，台灣不幸淪為日本的殖民地，到今年1995年，台灣走過它坎坷的一百年。這一百年台灣的歷史由不幸、哀傷、死亡到愛、新生和希望，它的努力蘊育了許多文化資產，也培育出許多文化人才。

1995 年這個別具意義的年度裏，希望藉著對近百年來台灣音樂的傳統與變遷的探討，從回顧前人累積的文化資產中，喚醒真正屬於台灣人的根，並進而開拓屬於我們自己的明天。

1「認識台灣音樂入門」市民講座

2 學術演講

3 台灣音樂一百年巡禮—開鑼之夜

4 室內樂之夜

5 師大講座

6 台灣歌謠思想起—族群篇

7 台灣歌謠思想起—在地篇

8 "西樂在台灣"—管弦樂之夜

9「影像中讀台灣音樂史」攝影展

10 "鑼聲響起"—南北管之夜

指導單位：行政院文化建設委員會
主辦單位：白鷺鷥文教基金會
　　　　　中國時報
製作單位：牛耳藝術經紀公司

一向致力於音樂普及工作的白鷺鷥文教基金會，為了對台灣音樂的傳統與變遷有一個較完整的探討，一九九五年特別舉辦「台灣音樂一百年」系列活動，藉由回顧及整理，引導你我共同回憶台灣百年音樂史。

《音樂台灣》包括了二片 CD 及一本圖文兼備的歷史故事書,以動人的音符來串連出這一百年來的歷史。CD 中選錄了二十多首大家耳熟能詳的歌謠,經過重新編曲後,邀請俄羅斯愛樂管絃樂團伴奏、孫愛光老師指揮、李靜美等名聲樂家以及李碧華等流行音樂歌手演唱,再加上立法委員盧修一的主講,娓娓道出歌謠背後的感人故事及歷史背景,讓大家在欣賞動聽的音樂之外,也能從中體會祖先走過的坎坷路。

藝術的洗禮,加上對鄉土的熱愛,盧修一夫婦攜手「白鷺鷥文教基金會」,為台灣鄉土音樂貢獻心力。
陳郁秀在「台灣音樂一百年」記者會上致詞,左二為音樂家許常惠教授。

上：「台灣音樂一百年」開鑼之夜音樂會，左起男中音陳榮貴、鋼琴家陳郁秀、女高音李靜美。
攝影／邱萬興
下：盧修一與玉山神學院合唱團團員合影。

上：同為淡水國小校友的李登輝總統與盧修一立委於淡水國小一百年校慶慶祝大會上歡聚。
下：一九九六年因推展中法文化交流貢獻卓著，許常惠教授和陳郁秀分別榮獲法國頒授國家爵士與騎士勳章榮銜，盧修一對妻子的成就與有榮焉。

認真問政　打算角逐台北縣長

　　盧修一在第二屆立委任內，交出比第一屆更豐碩、更具體的成果。一九九五年，在盧修一第二屆任內的最後一年，台灣社會運動也更進入百家爭鳴、雲開見月的破冰期。這年，全民健保法開始實施；二二八事件四十八週年，首座中央二二八紀念碑在台北二二八和平公園（原台北新公園）落成揭幕，李登輝總統代表政府向受害者致歉。立法院通過制定《二二八事件處理及補償條例》，定每年二月二十八日為「和平紀念日」，為國定紀念日，不放假。婦女團體發起反單身、禁孕條款，環保團體、社運團體都有大動作，蘭嶼原住民亦現身抗議台電建核廢料貯存廠………

　　盧修一在立法院內，則努力把關農業基本法、工會法、勞基法及兒童、老人、婦女相關法案，他貫徹「安全、綠色、福利的二十一世紀新台灣」理念，不斷責求相關首長能透過政策辯論，以人文思維來關照這塊土地上的一切。

　　以這樣的一以貫之的理念和行動力，盧修一在面對競選第三次連任的選戰中，擬定出「用心愛台灣」的主題意識，除了致力打贏年底的立委選戰，更為了想在兩年後台北縣長的角逐戰中，拉出一條延長賽的籌碼。

　　當時，有意出馬爭取台北縣長寶座者，都是一時之選，包括國民黨的林志嘉、新黨的周荃、無黨籍的廖學廣。民進黨則對立委表現居全縣之冠的盧修一最看好，對他接手尤清八年縣政的執掌，寄予高度的期望。

一九九四年一月民進黨黨團新舊任幹部交接，左起盧修一、陳哲男、姚嘉文、黃信介、謝長廷。
攝影／周嘉華

澄社國會評鑑報告，在立法院第二
屆第三會期擔任立法院黨團幹事長
的盧修一，「擔任黨鞭、協調有功、
信守承諾、有政治家的格局」。
攝影／邱萬興

驚天一跪
給台灣一個機會

一九九四年,盧修一忙著四處助選,忽略了該做的定期健檢。
一九九五年暑假例行體檢時,醫生發現有異狀,立即要為盧修一切除
腫瘤。不料開刀後發現是癌症末期。
一九九五年底選舉,盧修一以七萬五千多票的第二高票,三度當選立
法委員。勝選後,夫妻倆卻是淚眼以對,因為盧修一病情很不樂觀。
本來,一九九七年要舉行的縣市長選舉,不只民進黨內認可盧修一是
台北縣長的最佳人選,盧修一自己也想一展抱負。可是,造化弄人,
因為身體不堪負荷,盧修一取得黨內共識之後宣布退選台北縣長。
一九九七年十一月二十八日晚上,盧修一虛弱地抱著病體,前往板橋
蘇貞昌的最後一場造勢晚會去站台。盧修一站上講台時,只能用虛弱
的語氣,傳達他衷心的支持。盧修一講話結束後,他出乎眾人意料地
跪倒在台上,拱手向台下萬頭攢動的民眾懇求他們一定要投蘇貞昌一
票!
寒風中,盧修一的「深情一跪」,震懾了現場所有的人,一時全場氣
氛拉到最高點,台下數萬群眾無不感動到熱淚盈眶!盧修一的「驚天
一跪」,隔天透過電子媒體 TVBS 電視新聞台,從早到晚不斷重播,最
後翻轉了全台縣市長的選情。民進黨席次得以過半。
一九九八年,盧修一於八月六日過世,走完他精彩奮鬥的一生。

胸部黑影　疏忽健檢竟成腫瘤

一九八三年盧修一在仁教所坐牢期間，打籃球時不慎跌斷鎖骨，照Ｘ光時，意外發現胸腔有個小黑影。當時醫生表示沒什麼大問題，但要作定期健康檢查。

之後每一年，陳郁秀都不忘提醒盧修一去作健康檢查，且陪他去聽醫生的檢查結果報告。一九九一年，他在立法院被打到昏迷住院時，胸部的黑影似乎有擴大跡象，但醫生表示沒關係。一九九三年時，在作完健康檢查後，陳郁秀因為有事，只讓盧修一自己去聽報告。事實上，醫生建議開刀割除腫瘤，但又說可以再觀察追蹤，因此盧修一抱著能不開刀就不要開刀的苟且心態，回家後也沒向太太報告，錯失了早期治療的契機。

一九九四年台灣首次台灣省長民選、北高市長與省市議員的選舉，盧修一忙著四處幫陳定南台灣省長與子弟兵林錫耀省議員助選，忽略了定期健檢這件事，陳郁秀也忘了這件事。一九九五年暑假，再去作例行體檢時，醫生發現盧修一肺部有問題，立即要為盧修一進行腫瘤切除手術。

盧修一與戴振耀一起參加立法院的籃球隊。

陳郁秀陷入恐慌，但盧修一卻很淡定，眼看著選舉馬上要到了，盧修一一派輕鬆地說：「開個刀，兩個禮拜就出院了，就可以參加競選活動了。」

結果手術完成後，醫生發現盧修一罹患了末期肺腺癌，他對守在開刀房外面的陳郁秀所說的第一句話是：「癌症末期，只有六個月生命。」陳郁秀當場宛如五雷轟頂，虛弱地反問：「上天太不公平了！為什麼是我們？為什麼『又』是我們？怎麼可能？」

盧修一與他的時代

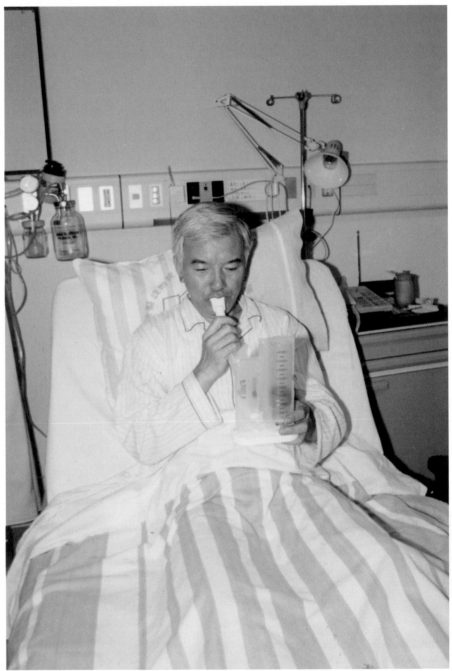

盧修一在醫院開刀後，醫生說是癌症，被宣布只剩六個月到兩年的時間，他認為人活在世上，時間長短不拘，最重要的是意義，很樂觀的面對這個病魔。攝影／邱萬興

忽聞癌末　難以置信生命盡頭

　　盧修一面對突如其來的打擊，一開始也不願相信。他才五十四歲，政治生涯才剛步上高峰，還有好多理想未實現，怎可能生命就來到盡頭？盧修一抱持樂觀想法，相信進步的現代醫學能挽救他的生命。首先，他要定下心來，不能在第三次立委選戰倒數的階段亂了陣腳。陳郁秀也先收拾起慌亂和悲傷的情緒，開始幫他作飲食調理，想盡辦法幫他清肺清肝。

　　盧修一罹癌的消息很快傳出去了。支持他的選民為他叫屈、感到不捨，並為他抱病拚搏的鬥志喝采；但對手陣營的人則像在看好戲，並且落井下石，夫妻二人跑場子時常遇到有人冷言冷語，譏諷盧修一「人都快要死了，還來拉票作什麼？」

　　即使如此，盧修一和陳郁秀仍堅強挺住，不為流言所傷。選舉結果，說明盧修一在選民中的地位：他以七萬五千多票的第二高票，三度當選立法委員。但是，在勝選的歡欣氣氛中，夫妻倆卻是眼眶含淚，因為盧修一的病情真的不樂觀。

　　盧修一帶著病體，決定和癌症和平共處，雖然整個人不似過去的神采煥發，但對於法案的審議及推動工作，仍不遺餘力。

　　他持續監督全民健保與核四計畫的後續發展，也支持老人福利聯盟推動的修法工作。盧修一在擔任內政和邊政委員會召集人時，有感於著作權法的重要性，特別把擱置一年半的草案提出重審，並逐條討論、定案。有一次為了著作權問題，還特地從醫院病房趕到議場參加協商。

安全、進步、幸福：一九九五年盧修一競選
連任第三屆立法委員文宣。設計 / 邱萬興

上：「用心愛台灣」是盧修一競選連任第三屆立法委員主軸。攝影／邱萬興
下：盧修一母親盧葉蜜與藝術家岳父陳慧坤特地前來助選。「燃燒自己，照亮台灣」，
一起點燃台灣希望之火。攝影／邱萬興

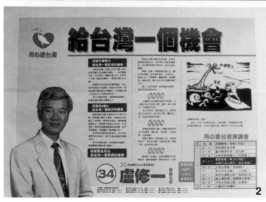

1：盧修一堅持作為「清清白白的民意代表、全心全力的專業立委、堂堂正正的
反對黨議員」的理念與承諾。他拉起牽手陳郁秀的手一起用心愛台灣。
攝影／邱萬興

2：給台灣一個機會：一九九五年盧修一競選連任第三屆立法委員文宣。

3：用心愛台灣：一九九五年盧修一競選連任第三屆立法委員文宣。
傳單設計／邱萬興

一九九五年立法委員選舉，
投票前夕的感恩晚會。
攝影 / 邱萬興

黨內認可　盧是縣長最佳人選

　　盧修一除了自己立委份內的職責之外,民進黨對一九九七年要舉行的台北縣長選舉,也對盧修一賦予高度的期許。依盧修一過去六年來深耕台北縣的豐厚資歷,盧修一絕對可以把台北縣打造成為全台模範縣。因此不只黨內認可盧修一是台北縣長的最佳人選,外在勸進的吆喝聲也不絕於耳。對於這件事,盧修一在生病之前和之後的想法差距很大,他內心認真考慮著自身的狀況以及民進黨參選勝敗的可能因素。

　　表面上看起來,盧修一在立委的工作表現上,和從前無異;但在私人的生活裡,他和太太兩人,已經默默接受生命來日無多的事實了。每天,夫妻倆互相安慰鼓勵,強顏歡笑;但到了深夜,卸下外在的偽裝,兩人有時會陷入深沉的沮喪哀傷、相擁而泣、不知所措……。

　　盧修一知道時間有限,所以更珍惜僅剩的光陰,妥善利用。之前盧修一和陳郁秀舉辦「台灣音樂一百年」系列活動時,就想結合音樂和歷史作一套有聲書,由陳郁秀負責音樂,盧修一順著台灣歌謠的發展解說歷史和社會關係。為了製作這套有聲書,他們經歷很多辛苦的過程,包括處理音樂版權,及遠赴俄羅斯找尋管絃樂團錄音等等。盧修一為了能進錄音室作口述歷史的錄音,他必須自費注射一劑兩萬元的針以提升免疫力,奮力支撐病體,來完成這套《音樂台灣》作品。

　　那段時間,盧修一常說,其實每個人生命,都是一天天走向死亡,差別只在於,他知道自己的終點在哪裡,而其他人並不知道而已。抱著這個開放性的想法,有一天,盧修一告訴陳郁秀,他要放棄台北縣縣長的選舉。

　　那時,距離台北縣長黨內初選還有一段時日,很多朋友私下都對盧修一說,「你應該繼續佈署,除非真的倒下了,否則不必那麼早退出。」但盧修一認為,應該要給接棒者有準備的時間。

警察廣播電台舉辦名人烹飪秀，盧修一立委穿上圍裙，
親自下廚烹調他的拿手好菜「爐燒魚」。攝影／邱斐顯

盧修一就讀建國中學時，每個週末，他都會坐公路局汽車回到家裡，每次回到三芝都已很晚，但母親每每照例在北新庄的站牌迎接他。想起母親的用心良苦，盧修一直到年長之後仍然銘記在心，念念不忘。一九九五年母親節，盧修一於節目中贈送母親書法作品，感謝她的辛苦撫育。

攝影／邱萬興

276

盧修一是新聞評論節目「2100
全民開講」常客，經常上節目
評論時事。圖片提供 /TVBS

盧修一當「2100 全民開講」
代班主持人。圖片提供 /TVBS

盧修一參加電視新聞評論節目
「大家來審判」。
圖片提供 / 自由時報

左：一九九六年的十月四日
上午，他在立法院由洪奇昌
立委陪同召開記者會，宣布
退選台北縣長。

忍痛決定　放棄台北縣長選舉

　　盧修一心目中最理想的民進黨台北縣長參選人是蘇貞昌立委。蘇貞昌小他六歲，身強體壯，曾經擔任「美麗島辯護律師」，又有兩屆台灣省議員及屏東縣長的堅實歷練，正是未來台北縣民所需要的，民進黨邁向執政之路前，必先攻下台北縣這個重要版圖，這一仗，只能勝不能敗。盧修一取得黨內重要幹部及「白鷺鷥連線」成員與支持者的共識之後，一九九六年的十月四日上午，他在立法院由洪奇昌立委陪同召開記者會，宣布退選台北縣長。

　　宣布消息的前一天，盧修一整晚輾轉難眠，非常痛苦。消息發布後，他更要忍受自己內心難以消磨的失意與惆悵。記者會隔天的半夜，他無法闔眼，起身寫了一封信，給遠在美國紐約唸書的兩個女兒佳慧與佳君，信中陳述這個抉擇是他「最痛苦的決定，同時可能也是最大的遺憾」。希望「多些時間陪你們，難捨能捨，有失即有得，你們應支持爸爸的決定吧！」

　　卸下這個重擔之後，盧修一才能真正思索，在生命的最後一段路，他最想做的事情是什麼？

　　他決定用最多的時間和家人、朋友相處。他帶著家人到美國與結拜兄弟蔡芳洋、許昭雄見面，一個禮拜之內朝夕相處，重溫四十年前親密情誼。數個月後，盧修一又獨自飛到歐洲，一一拜會當年一起搞革命的老戰友。

96.10.5.于

阿慧、阿君、漂亮的寶貝女兒：

爸爸已經在昨天（十月四日）上午記者會上正式宣告退出台北縣長選舉，理由是肺癌在身無法負荷選戰的勞累。這是爸比最痛苦的決定同時可能也是我最大的遺憾。但形勢為此也不得不如此！無論如何，此後爸比以身體為重，你們兩個，多些時間照料自己的身體同時也多些時間陪你們。難捨能捨，有失即有得。你們應支持爸爸的決定吧！

明天（六日）基金會辦白鷺鷥之旅到鶯歌玩，而且去三峽參觀有名的藝術殿堂祖師廟以及李梅樹紀念美術館。另外媽比獲得法國騎士勳章。你們也與有榮焉吧！時常想念你們，時常到你們的房間看看。祝你們週末愉快。愛你們的 老爸

盧修一寫了一封信，給遠在美國紐約唸書的兩個女兒佳慧與佳君，信中陳述這個抉擇是他「最痛苦的決定，同時可能也是最大的遺憾」。希望「多些時間陪你們，難捨能捨，有失即有得，你們應支持爸爸的決定吧！」

一九九七年歐洲行，全家攝於
義大利羅馬競技場凱旋門前。

全家攝於義大利羅馬許願池前。

盧修一喜歡家人一起旅行，
更珍惜與陳郁秀同遊時光。

盧修一生病後，那時候女兒佳慧、佳君都在美國紐約唸書，陳郁秀跟女兒說：「請把假期保留起來，回台灣陪爸爸。」他們全家一起去歐洲旅行，去美國夏威夷、義大利、法國巴黎等地旅行。

孱弱病體　腳踏玉山了卻心願

對盧修一來說，最重要的，還是緊緊把握家人相處的每分每秒。盧修一最希望的是能多多見識台灣之美。他和妻子陳郁秀常開車到陽明山，順著陽金公路回到三芝老家，重溫童年記憶。他亦到平溪看天燈、到台南鹽水看蜂炮，他和陳郁秀「全副武裝」，一起感受南台灣蜂炮的洗禮，攀登玉山高峰。盧修一告訴陳郁秀：「如果不是因為我生病，可能我們一輩子都去不成。」盧修一就是這樣一位積極與樂觀的人。

一九九七年的一月，盧修一就去爬過玉山一次，但是那一次沒有攻頂，覺得自己體力負荷不了。七月底，在太太陳郁秀、兒子盧佳德、表弟張靜雄和辦公室同仁的伴隨下，盧修一終於達成用兩隻腳走台灣的心願，盧修一在兒子盧佳德、助理李偉群、詹守忠、林明賢的陪伴下攻頂，一起站上玉山最高峰！當時的氣溫只有十幾度，然而頭頂蒼穹、腳踏台灣第一高峰，玉山峰頂的盧修一，心情卻是沸騰的！能在有生之年和台灣土地這麼親近，他只有一句「吾願已了」。

一九九七年七月，盧修一終於達成爬玉山的心願。

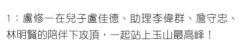

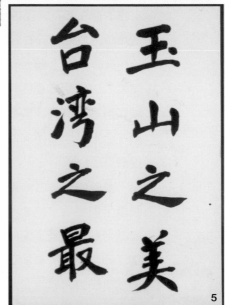

1：盧修一在兒子盧佳德、助理李偉群、詹守忠、
林明賢的陪伴下攻頂，一起站上玉山最高峰！

2：「玉山第一峯」，陳慧坤膠彩作品，1972。

3：盧修一在太太陳郁秀、兒子盧佳德、表弟張靜
雄和辦公室同仁的伴隨下，走在往玉山的路上。

4：盧修一、陳郁秀和兒子、辦公室同仁攝於排雲
山莊。

5：盧修一用書法寫下「玉山之美、台灣之最」。

台灣之最　玉山之美

雙腳顫抖　為顧大局選前跪票

圖片提供 /TVBS 周刊

一九九七年十一月底，縣市長的選舉選情進入白熱化。然而此時盧修一的病情也迅速惡化，癌細胞侵入骨髓及腦部。盧修一勇敢地接受化療，同時也承受著強大的副作用，身體明顯變瘦、變形；聽力退化、吞嚥困難，還一度因為敗血症而住進加護病房。期間幾次他想去幫蘇貞昌站台，都被醫生和陳郁秀勸阻了。

十一月二十八日，盧修一上午才做完化療，雙腳因無力而顫抖著，整個人連站都站不穩，看起來很痛苦。但他的意識非常清楚，因為隔天就要選了，今天是蘇貞昌的最後一場造勢晚會，他一定要去板橋為他站台。

那天剛好陳郁秀人在巴黎，當盧修一表明要去為蘇貞昌站台時，身邊的醫生和友人都阻止不了他。就在助理詹守忠寸步不離的攙扶下，盧修一危危顫顫於晚間八點多抵達板橋市的蘇貞昌演講會場。

盧修一站上講台時，已經無法再像以前那樣慷慨激昂地發表長篇演說，只能用虛弱的語氣，傳達他衷心的祈請。盧修一講話結束後，就往前挪動身體，脫離了助理與台北縣長尤清的攙扶，噗通一聲，跪倒在台上。他拱手向眼前萬頭攢動的民眾稽首禮拜，懇請他們一定要投蘇貞昌一票！

寒風中，「白鷺鷥」盧修一立委，這突如其來的「深情一跪」，震懾了現場所有的人，一時全場氣氛拉到最高點，台下數萬群眾無不感動到熱淚盈眶！當時的台北縣長候選人蘇貞昌與台北市長陳水扁正在從三重趕往板橋演講會場的路上，盧修一在台上忍受身體的病痛等待蘇貞昌的到場，台北市長陳水扁、台北縣長尤清與蘇貞昌共同拉起盧修一立委的手，拜託支持者全力固票、催票，守住台北縣。盧修一的「驚天一跪」，隔天透過電子媒體 TVBS 電視新聞台，從早到晚不斷重播，成為選前最後一夜的最夯話題。

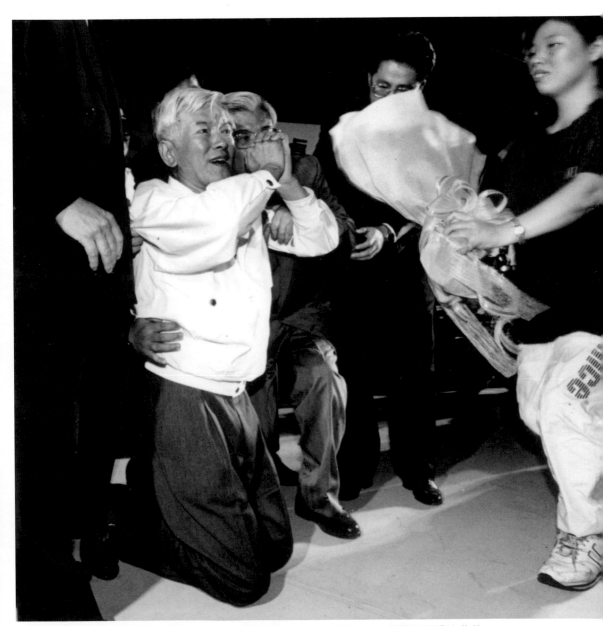

與癌症病魔抗戰多年的民進黨立委盧修一，在一九九七年底台北縣長選戰中，不顧醫生的反對，抱著重病在關鍵時刻為同黨候選人蘇貞昌下跪拜票，穩住民進黨的北縣江山。這一跪，正是「盧仔」一生有情有義的最佳寫照。圖片提供／自由時報

真情一跪　全台縣長席次過半

「如果我沒有當選，怎麼對得起盧修一！」這是蘇貞昌在結束最後一場造勢晚會，回到競選總部說的第一句話。

一九九七年十一月二十九日縣市長投票日，那些原本存觀望態度的中間選民，被盧修一真情至性的一跪深深感動，隔天紛紛出來投票，扭轉了原本的選局情勢。國民黨提名的候選人謝深山以兩萬多票的差距高票落選，蘇貞昌順利當選台北縣長！

當時民進黨主席許信良率領中央助選團，組成「酷哥辣妹助選團」；謝長廷組南方綠色聯盟，率領「南方小太陽青年助選團」；台北市長陳水扁與李鴻禧、羅文嘉老中青三代，則組成「寶島希望助選團」，全台賣力助選，這些助選團都功不可沒。陳水扁市長認為，盧修一為蘇貞昌選縣長的深情一跪，是民進黨贏得十二個縣市長過半席次的重要關鍵因素。

盧修一得知選舉已經開完票了，民進黨大獲勝利，欣喜若狂，連忙傳真訊息到法國巴黎，向愛妻陳郁秀詳訴選舉結果，分享他心中的喜悅。民進黨獲得十二席縣市長（台北縣蘇貞昌、基隆市李進勇、桃園縣呂秀蓮、新竹縣林光華、新竹市蔡仁堅、台中縣廖永來、台中市張溫鷹、台南縣陳唐山、台南市張燦鍙、高雄縣余政憲、屏東縣蘇嘉全、宜蘭縣劉守成）。民進黨的得票率為 43.32％，超過國民黨的 42.12％。

這是台灣選舉史上第一次，在野的民進黨得票率勝過執政的國民黨，民進黨的綠色執政首度於地方全面展開，「綠色執政、品質保證」的政績，是為了台灣政黨輪替的大翻轉預作準備。

台北縣長候選人蘇貞昌與台北縣長尤清拉起盧修一的手，感謝民眾的支持。
圖片提供 /TVBS 周刊

「為了咱們台北縣的發展，我在這裡誠心誠意要跪下向大家拜託，拜託拜託，支持蘇貞昌……拜託……」盧修一這個「驚天一跪」舉動透過 TVBS 電視台的衛星直播車現場連線，迅速傳遍全國各地，在選前一夜不斷重播，隔天，感動許多支持者出來投票。盧修一發自內心，燃燒他生命最後的光輝，讓蘇貞昌順利當選台北縣縣長。圖片提供 /TVBS 周刊

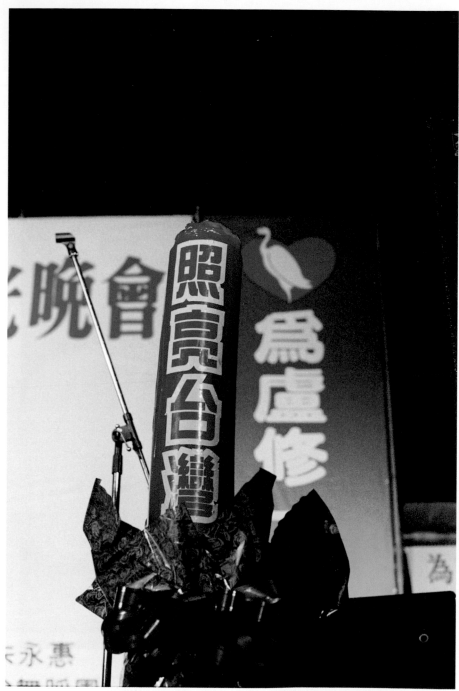

一九九八年一月，民進黨舉辦為盧修一祈福晚會。攝影／邱萬興

一九九八年在台北縣
點燈，為盧修一祈福
晚會。攝影 / 邱萬興

You will
always be close
to my heart

HAPPY BIRTHDAY
'98. 9. 22.

郁秀吾愛、

在病中慶祝你生日月欢
愛意不同，感恩源自特別
深多再一次祝生日快樂、

啊 57！ 永遠愛 你的
修一

盧修一於辭世前三個月，以發抖的手，堅持給陳郁秀的最後一張深情的卡片。

病危之際　不忘推動器捐觀念

　　彷彿春蠶吐盡最後一口絲般地，盧修一自造勢晚會回來之後就嘔吐不停，之後身體的狀況更如江河日下。一九九七年底盧修一病危之際，仍不忘關懷器官移植患者，因為他們所需的龐大醫療費用，非一般民眾所能負擔，盧修一因而囑咐他的夫人陳郁秀積極舉辦「關懷生命、關懷社會」的慈善音樂會，將門票收入所得，全部捐給肺臟移植基金會，以推動國人捐贈器官之觀念，更呼籲政府將此醫療行為納入健保。一九九八年七月一日，此案終於正式納入健保。　盧修一立委奮力抗癌長達三年多，一九九八年的八月六日凌晨三點二十七分，盧修一在家人的陪伴及歌聲之中，病逝於台北關渡和信治癌中心醫院，安詳地走完他轟轟烈烈的一生，這年他剛過五十七歲生日不久。

　　盧修一一生追求理性的科學，信仰社會主義，對宗教一直抱持客觀的看法。但在他生命的最後三年，因為重讀老子的《道德經》，他對生命的價值觀和他一生走過的路，有更深一層的看法。

　　《道德經》第三十九章裡提到：「昔之得一者，天得一以清，地得一以寧；神得一以靈，谷得一以盈，萬物得一以生，萬物得一，以為天下貞，其致之一也。」

　　他讀完幡然有所領悟。過去，他總是把自己姓名中的「一」，解釋成「單一」或「孤獨」，好像也呼應了他這一生沒有兄弟姊妹的宿命；直到讀到這段經文，他才了解，原來「一」的本體是最清淨貞潔、最純粹充盈的；原來他的名字「修一」，就是要追求最至高的道本的啊！既然已經悟得其中的真義，在大限來時，就要捨得放手，讓一切從一而終、一以貫之，和天地萬物合為一體，就無所謂有無，也無所謂得失了。

　　白鷺鷥飛過田野，剎那就是永恆；從國會到天堂，盧修一走出了無遺憾的從政之路。

白翎鷥

◎李敏勇

一隻白翎鷥　親像一個夢

白翎鷥　親像一個夢

白翎鷥　親像一個夢

日時自由自在在天頂飛　暗暝安安靜靜樹林內

純潔的形影　記佇咱腦海

一隻白翎鷥　飛過淡水河

一隻白翎鷥　飛過觀音山

一隻白翎鷥　親像一個人

為咱島嶼勇敢在打拚　為咱國度奉獻出生命

一隻白翎鷥　行過苦難路

一隻白翎鷥　為咱來開路　為咱來照路

純潔的形影　疼惜咱心肝

一隻白翎鷥　行過苦難路

一隻白翎鷥　為咱來開路

白翎鷥　純潔的形影　記佇咱的腦海

攝影／郭智勇

盧修一的二女兒佳君，以一首巴哈
為父親送行。攝影／邱萬興

上：時任民進黨主席的林義雄律師，在盧修一告別式致詞說：「一生愛台灣，為台灣奉獻的盧修一雖已離開，卻為這塊土地留下珍貴的文化資產。」攝影／邱萬興

下：盧仔！你是台灣永遠的白鷺鷥！人民心中浪漫的政治家。大家都來板橋為盧修一送行。攝影／邱萬興

一九九八年李登輝「總統褒揚令全文」

立法院立法委員盧修一，才識卓越，秉性誠篤，早歲卒業國立政治大學，嗣復遊學歐陸，榮獲巴黎大學政治學博士學位。學成遄歸，歷任文化大學推廣教育中心、行政管理系、政治系主任、清華大學副教授等職，春風化雨，傳道傳薪；桃李盈門，杏壇著績。膺選連任三屆立法委員，讜論嘉謨，朝野望重；尤以擔任法制、內政委員會召集委員，折衝議壇，推動法制、民主等法案，促進議會民主政治之發展，績效昭彰，時論譽美。成立白鷺鷥文教基金會，宏揚鄉土文化及音樂，造福桑梓，聲華益懋。綜其生平，宣力民主法治，功在社會國家，高風亮節，簡冊留馨。據聞溘逝，良深軫悼，應予明令褒揚，以示政府篤念耆賢之至意。

飛吧！白鷺鷥！帶著我們的祝福與
追思，飛到另一片清靜與愛的天地
吧！攝影／邱萬興

盧修一博士 大事年表
1941-1998

愛得不得了

1941 年 　5 月 22 日出生於日治時期台北州淡水郡三芝庄北新庄店子村，祖父盧鐵樹曾任北新庄店子村長多年，父親盧振榮，盧修一為獨子。

1947 年 　爆發「二二八事件」及清鄉白色恐怖。父親盧振榮於 3 月底意外身亡，留下寡母盧葉蜜與孤子相依為命。

1948 年 　進入台北縣三芝鄉興華國小就讀一年級。

1952 年 　轉學至淡水國小就讀六年級。

1953 年 　淡水國小畢業，考取淡水初中。

1956 年 　淡水初中畢業，考取台北市建國中學夜間部。寄居台北三舅家。

1958 年 　1 月底與母親隨祖父母、伯父全家，搬至台北市南京西路圓環附近，全家經濟陷入黑暗期。

　　　　　轉入建國中學日間部三年級。

1959 年 　建國高級中學畢業，考取國立政治大學邊政系。

1960 年 　轉入政治大學政治系。加入國民黨。

1963 年 　政治大學畢業，考取中國文化學院政治研究所，保留學籍入伍服兵役。

1964 年 　擔任國防部總政治作戰部三民主義巡迴教育教官。

　　　　　退伍後進入中國文化學院政治研究所就讀。

1966 年　文化學院研究所畢業，碩士論文為〈連雅堂民族思想之研究〉。

　　　　擔任中國文化學院共同科講師一年，同時負責訓導處課外活動組行政工作。

1967 年　擔任台北縣三重市清傳商職高一國文老師；晚上到教育部歐語中心（設置於台大校園內）補習法文，積極準備留學歐洲。

1968 年　進入比利時天主教魯汶大學政治社會研究所政治學部留學。

1970 年　與比利時台灣同學共同發起「比利時台灣同鄉互助會」，負責總務工作。翌年發行《鄉訊》月刊，擔任主編。

1971 年　當選「魯汶中國同學會」會長，積極參與同學會「比利時保釣委員會」之「保釣運動」，帶領台灣留學生到日本和美國駐比利時大使館（荷蘭語：Amerikaanse ambassade（Brussel））抗議。

1971 年　台灣意識徹底覺醒，廣泛接觸台灣獨立運動刊物，確立反對國民黨並投身台灣民主運動之志向；年底開始與台獨左派領導人史明通信。

1972 年　4 月前往法國巴黎，結識陳郁秀女士，暫緩回台灣計畫。

　　　　就讀於法國巴黎第十大學社會科學高等研究學院，繼續攻讀博士學位，將〈日據時代台灣共產黨史：1928-1932〉訂為論文題目。

1973 年　於夏季回台北搜集博士論文資料；與時任國民黨組工會主任李煥見面；過境東京與史明首次會面。

1974 年　與留歐台獨運動活躍人士張維嘉等人於巴黎成立秘密組織「台灣協志會」，化名「王鈍」。

　　　　9 月 23 日在巴黎與陳郁秀女士結婚。

1975 年　博士論文研究告一段落，決定偕同夫人陳郁秀女士返台工作。擔任中國文化學院共同科副教授。

1976 年　長女盧佳慧出生。

擔任中國文化學院政治系副教授,以及推廣教育中心主任。

1977 年　擔任中國文化學院夜間部行政管理系主任（1977-1983）。

1978 年　次女盧佳君出生。

1979 年　9 月重返巴黎,撰寫博士論文;12 月因台灣發生「美麗島事件」,黨外菁英大逮捕,心急如焚,使撰寫工作大受影響。

1980 年　12 月 8 日通過口試,完成博士論文〈日據時代台灣共產黨史〉取得法國巴黎第十大學政治學博士學位。

1981 年　長子盧佳德出生。

1981 年　擔任中國文化大學政治學系主任（1981-1983）。

1982 年　被警備總部及調查局暗中密切監控、蒐證。

蘆葦與劍

1983 年　因台獨案件（前田光枝案）,於 1 月 8 日上午被情治單位逮捕,收押審判後裁定感化教育三年,3 月中拘禁於台北縣土城鄉「台灣仁愛教育實驗所」。

1986 年　3 月 2 日服刑期滿。出獄後,求職無門,失業賦閒在家,意志面臨艱困之考驗與磨難。9 月 28 日民主進步黨在台北圓山大飯店宣布成立。

1987 年　2 月獲聘擔任政治大學國關中心特約研究員,撰寫研究報告〈法國第五共和下的左派〉。

1987 年　擔任國立清華大學共同科兼任副教授,講授「中華民國憲法」。

1988 年　2 月加入民進黨,擔任中央黨部政策研究中心研究員;4 月出任外交事務部主任,積極推動政黨外交,籌劃民進黨歐洲訪問團,於 9 月前往七國拜會十二個政黨。

1989 年　3 月赴美參加亞洲學會第 41 屆年會,於研討會中發表論文;

於華盛頓會見美國參議院外交委員會主席派爾，親自遞交民
進黨主席黃信介之友好信函。

1989年　加入民進黨新潮流系；被黨部徵召投入年底台北縣立法委員
選舉。以「新國家的建築師」為訴求，12月獲得第一高票（9
萬4543票）當選台北縣選區第一屆增額立法委員。

1990年　進入立法院，參與重要法案包括：大學法修正、反核四興建
計畫等。

1991年　獲頒大學教育改革促進會之金蘋果獎，表彰審議大學法之敬
業與專業表現。

1991年　擔任民進黨立法院黨團幹事長。立法院爆發「四一二事件」，
民進黨立委因抗議國民黨濫用表決權而爆發激烈的肢體抗
爭，盧修一遭受群警圍毆，四度被「強行抬出」國會議場而
終告昏厥，受傷住院。

盧修一提攜推薦之李文忠、賴勁麟，皆當選第二屆國大代表。

1992年　以「正直、專業、清廉的白鷺鷥」為訴求，獲得11萬9661票，
高票連任第二屆立法委員。

1993年　擔任立法院法制委員會、內政委員會召集委員，以及民進黨
立院黨團幹事長；問政風格因為萬年立委退職而由強勢抗爭
轉為理性辯論與協商。是屆任內參與重要法案包括：「陽光
法案」公職人員財產申報法、政治獻金法、廢除公務人員甲
等特考、省縣自治法、直轄市自治法、野生動物保育法等。

1993年　與夫人陳郁秀女士共同創立「白鷺鷥文教基金會」，致力推
動台灣本土文化工作。

1993年　獲得澄社舉辦「國會記者評鑑現任立委報告」之第三名。

最愛台灣

1995年　舉辦「台灣音樂一百年」系列活動。

發現罹患肺腺癌，進行腫瘤切除手術。

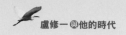

1995 年　以「用心愛台灣」為訴求，高票連任第三屆立法委員。

1996 年　台灣首次總統直接民選。

　　　　擔任立法院內政委員會召集委員及民進黨立法院黨團總召集人。是屆任內參與重要法案立法包括：著作權法、著作權仲介團體條例、老人福利法、托兒政策等。

1996 年　10 月 4 日在立法院召開記者會，公開宣布放棄參選台北縣縣長。

　　　　領導民進黨台北縣新潮流系參選公職之同志組成「白鷺鷥連線」，以「用心愛台灣」為宗旨，落實「台灣第一、人民至上、弱勢優先」之理念。

1997 年　出版《音樂台灣》專書與「一世紀的音樂歷史說唱」CD 專輯。

　　　　7 月間二度登上台灣最高峰玉山，攻頂成功。

1997 年　11 月 28 日，不顧癌病痛苦，親至台北縣板橋之選舉造勢會場，為民進黨縣長候選人蘇貞昌助選，向群眾下跪拜票，感動無數民眾，他的「驚天一跪」扭轉選情，民進黨大獲全勝。

1998 年　病情急遽惡化，2 月由醫院發出病危通知，搶救後起死回生，轉入安寧治療階段。

1998 年　8 月 6 日凌晨 3 時 27 分病逝於和信治癌中心醫院，享年 57 歲。夫人陳郁秀率子女佳慧、佳君、佳德隨侍在側。

2000 年　陳水扁當選總統，台灣第一次政權和平轉移。盧修一遺孀國立台灣師範大學藝術學院院長陳郁秀女士獲邀入閣擔任文建會主委。

（註：文中之台北縣為今之新北市）

【後記】

　　一九九八年八月六日，盧修一博士離開了這片他一生熱愛的土地，他的離去是許多人心中的不捨。轉眼間，不覺已過了二十年，但時間似乎沒有讓我們忘懷他。這近二十年來，當我在全國各地社區與文化訪視的各種場合中，總有許多新朋友和老朋友，向我述說著許許多多我所不知道的盧修一事蹟，有的還出示他們所珍藏的盧修一墨寶，令我既感激又感動。

　　在許多人心目中，盧修一是教授、政治家，也是文化、人權、環保鬥士。他對台灣這塊土地無私的奉獻與熱情、對理想的堅持與抗爭、對朋友的真情與摯意，以及面對病痛時的樂觀與勇氣；時而天真捉狹、時而激進勇猛、時而溫柔感性的真性情，相信都曾在許多人的生命裡留下難忘的回憶。他是我們永遠的朋友。因此，我們希望能將他一生走過的點點滴滴留下紀錄，並與熱愛他的朋友們分享。

　　《盧修一與他的時代》影像紀念集的完成要感謝許多人：策畫主編邱斐顯小姐、文字編輯阮愛惠小姐、美術編輯邱萬興、鮑雅慧小姐、廖紫妃小姐，白鷺鷥文教基金會方瓊瑤顧問、賴淑惠小姐，與慷慨提供寶貴資料與照片的郭智勇先生、各大媒體和攝影記者們，以及遠流出版公司的協助。然而部分照片歷史久遠已無法確知版權所有者，但對本書而言，卻是彌足珍貴的歷史資料，因此仍予以收錄於書中，日後若能確定版權歸屬，我們將會盡快處理相關授權事宜。

　　《盧修一與他的時代》影像紀念集是盧修一奉獻一生留下的生命紀錄，不僅讓大家藉此懷念他，更希望能為半世紀以來台灣的發展留下歷史的見證與典範。

陳郁秀

國家圖書館出版品預行編目（CIP）資料

盧修一與他的時代 / 陳郁秀編著 . -- 初版 . --
臺北市：白鷺鷥文教基金會 , 遠流 , 2018.05
面；　公分
ISBN 978-957-32-8280-8（平裝）

1. 盧修一　2. 臺灣傳記

783.3886　　　　　　　　　107006079

盧修一 與 他的時代

編　　著：陳郁秀
策　　劃：財團法人白鷺鷥文教基金會
指導贊助： 國家人權博物館
　　　　　 NATIONAL HUMAN RIGHTS MUSEUM

封面題字：董陽孜
主　　編：邱斐顯
編輯小組：阮愛惠、邱萬興
視覺規劃：邱萬興
美術編輯：鮑雅慧
校　　對：賴淑惠、廖紫妃

合作出版：白鷺鷥文教基金會
　　　　　台北市大安區麗水街 9 巷 6 號 3 樓
　　　　　電話：(02) 2393-1088　傳真：(02) 2393-4595
　　　　　遠流出版事業股份有限公司
　　　　　台北市南昌路 2 段 81 號 6 樓

發行單位：遠流出版事業股份有限公司
地址：台北市南昌路 2 段 81 號 6 樓
電話：(02) 2392-6899
傳真：(02) 2392-6658
劃撥帳號：0189456-1

著作權顧問：蕭雄淋律師
2018 年 5 月 10 日 初版一刷
售　　價：新台幣 480 元